Felicitas Hoppe

Fährmann, hol über!

Felicitas Hoppe

Fährmann, hol über!

Oder wie man das Johannesevangelium pfeift

Mit einem Essay herausgegeben von Thomas Brose

HERDER

FREIBURG · BASEL · WIEN

© Verlag Herder GmbH, Freiburg im Breisgau 2021
Alle Rechte vorbehalten
www.herder.de

Die Bibelverse wurden, soweit nicht anders angegeben, folgender Ausgabe entnommen:

Die Bibel. Die Heilige Schrift
des Alten und Neuen Bundes.
Vollständige deutsche Ausgabe DIE BIBEL
© *Verlag Herder, Freiburg im Breisgau 2005*

Weiter wurden verwendet:
Die Zürcher Bibel © 2007 Zürcher Bibel/Theologischer Verlag Zürich

Lutherbibel, revidiert 2017, © 2016 Deutsche Bibelgesellschaft, Stuttgart

Einheitsübersetzung der Heiligen Schrift, vollständige durchgesehene und überarbeitete Ausgabe © 2016 Katholische Bibelanstalt GmbH, Stuttgart, Alle Rechte vorbehalten (EÜ)

Satz: ZeroSoft, Timisoara
Herstellung: GGP Media GmbH, Pößneck

Printed in Germany

ISBN Print 978-3-451-39038-8
ISBN E-Book Epub 978-3-451-82253-7
ISBN E-Book PDF 978-3-451-82254-4

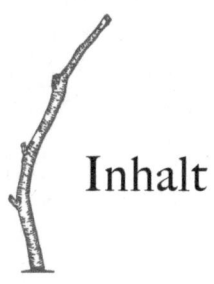

Inhalt

Für Ulrike Rainer

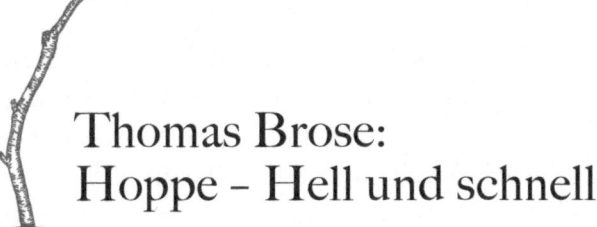

Thomas Brose:
Hoppe – Hell und schnell

„Also gut, lassen wir das ganze Getue und kommen gleich zum Wesentlichen: Glauben Sie an irgendeine Form des Göttlichen oder nicht?" Auf diese unmissverständliche Weise bringt Slavoj Žižek die alte Gretchenfrage auf den Punkt (*Die Puppe und der Zwerg*, 2003). Der umtriebige Kulturphilosoph fährt fort: „Wir haben es heute mit einer Art ‚suspendiertem Glauben' zu tun, der sich nur dann entfalten kann, wenn er nicht vollständig eingestanden wird, sondern ein privates obszönes Geheimnis bleibt. Im Widerspruch zu dieser Haltung sollte man jedoch mehr denn je darauf beharren, dass die ‚vulgäre' Frage ‚Glauben Sie wirklich oder nicht?' von entscheidender Bedeutung ist".

I.

Fährmann, hol über! – so ernsthaft wie komödiantisch, sicher und souverän ignoriert Felicitas Hoppe mit ihren Texten, Einsprüchen und fixen Einfällen das von Žižek konstatierte Religionstabu. Nach dem poetologischen Meisterwerk *Sieben Schätze* (2009) setzt die Büchner-Preisträgerin mit ihrer aktuellen Essaysammlung jetzt dazu an, mehr Bewegung und Lebendigkeit in das Gespräch zwischen Literatur und Religion zu bringen. So hell wie schnell verbindet die Schriftstellerin damit die beiden gegenüberliegenden Ufer; sie scheut keineswegs davor zurück, sich zu diesem Zweck – rudernd und die Fähre vorantreibend – literarisch ins Zeug zu legen und dabei Rechenschaft von ihrem eigenen Lesen und Schreiben zu geben.

Dass die Autorin keine Lust hat, über Alles oder Nichts zu plaudern, sondern – radikal im Sinne Žižeks – Stellung zu ihrem persönlichen Umgang mit der Gottesfrage bezieht, macht bereits der hier vorgelegte Eingangstext der miteinander kommunizierenden Essays deutlich: So ließe sich „Das aufgespannte Ohr Gottes" als Bekenntnis, als Konfession im eigentlichen Sinn des Wortes lesen. Doch in dem Stück erfahren wir auch, dass sich bereits die Vorschülerin, die nach eigenem Bekunden aus einer Familie von „Vielrednern" stammt, in ihrem religiösen Umfeld als ausgebuffte Erzählerin positioniert. Denn „die Möglichkeit einer persönlichen Beichte erschien mir geheimnis- und verheißungsvoll und der Beichtstuhl als ein Ort, an dem alles gesagt, aber nichts verraten wurde: das *aufgespannte Ohr Gottes*, dem ich straffrei anvertraute, was ich mir ausgedacht hatte. Ich sage ‚ausgedacht', weil alles, was ich dem Ohr Gottes zu sagen hatte, tatsächlich ausgedacht war, eine Mischung aus vagem Schuldbekenntnis und einer Erfindung von Sünden in Gedanken, Worten und Werken".

In „Das rote Seil" – einem Text, der von der Schriftstellerin ursprünglich bei einer Fachtagung für Alttestamentliche Exegese vorgetragen wurde – berichtet sie, dass das *Buch Josua* in ihrer Erinnerung „an einem einzigen Faden, genauer an einem roten Seil" direkt an der Mauer der berühmten Stadt Jericho hänge. „Es ist das rote Seil meiner Erinnerung an die berühmte von Hermine Schäfer illustrierte Kinderbibel von Anne de Vries, von dem ich seit meiner Kindheit bis noch vor wenigen Wochen glaubte, er sei, seinem Namen nach, eine Frau."

Die preisgekrönte Schriftstellerin, die im In- und Ausland mittlerweile fünfzehn Poetik-Dozenturen bekleidet hat, führt Leserinnen und Leser zu den Quellen eines Werkes, das mittlerweile in zehn Sprachen übersetzt wurde. In dem Aufsatz „Und schrieb in den Sand" berichtet die studierte Literatur- und Religionswissenschaftlerin Folgendes über ihre Herkunft aus der niedersächsischen Diaspora:

Geboren als drittes von fünf Kindern schlesischer Flüchtlinge, komme sie aus einer katholischen Familie, in der unaufhörlich nicht nur gesprochen, sondern auch gezeichnet wurde. „Unsere Mutter las vor, wir zeichneten mit, während unser Vater für das Kaspertheater zuständig war, in dem Texte und Bilder in Szene gesetzt wurden (…). Meine ersten Erinnerungen an die Bibel sind also, vom Alten bis zum Neuen Testament, nicht nur durchweg mündlich, sondern auch durchweg bebildert: eine unmittelbare, intuitive und unzensierte Umsetzung vom Wort in die Zeichnung, also wahrhaft phantastisch".

Den titelgebenden Ausgangspunkt von „Und schrieb in den Sand" bildet eine entwaffnende Geste Jesu: Fast spielerisch gebraucht der Messias seine schreibende Hand, um die „beim Ehebruch ertappte Frau (Joh 8,4)" durch eine Symbolhandlung vor Schimpf und Schande, aber vor allem vor der Steinigung zu bewahren. Diese im Johannes-Evangelium zwischen Mündlichkeit und Schriftlichkeit angesiedelte Rettungsaktion hat für die Essayistin nichts mit Stummsein zu tun, sondern mit der Fähigkeit, auf überflüssige Worte zu verzichten und sich ganz auf die Sprache der Zeichen zu verlassen.

Welche Erkenntnis folgt daraus: „Das Bild zieht gleich mit der Schrift und die Schrift mit dem Bild, mit der Geste, dem Zeichen, die Innenwelt mit der Außenwelt, die gesprochene mit der geschriebenen Sprache, das Gespräch (um das inflationär gebrauchte Wort Dialog an dieser Stelle kurzfristig zu vermeiden) mit dem Text und der Text mit der Rede über den Text, der sich seinerseits in eine Handlung verwandelt, in ein neu erzähltes, belebtes Wort."

Damit bestätigt die Autorin nach dem Ende der Epoche „Katholischer Literatur" das, was Thomas Pittrof in dem 2016 publizierten *Handbuch Literatur und Religion* folgendermaßen kennzeichnet: „Vor allem in autobiographischen Zeugnissen wird das Katholische wieder erinnert, auch an überraschender Stelle, ohne dass es damit eigentlich immer bewahrt und weitergetragen werden wollte. (...) Dem Prägnanzverlust eines ungebrochen katholischen Weltbildes steht damit ein Prägnanzgewinn lebensweltlich dichter Milieubeschreibungen gegenüber, bei denen neben den belastenden Erfahrungen mit Religion im Umfeld einer katholischen Kindheit und Jugend auch deren entlastende und bereichernde Dimensionen zur Sprache kommen."

II.

Das Lebensweltlich-Katholische verbindet sich bei Hoppe mit dem Hang zur Selbstexegese. Hinzu tritt ein unbändiger Spieltrieb, der – zur nicht geringen Frustration mancher Fachleute – nicht einmal davor zurückschreckt, sich in der Quasi-Autobiografie *Hoppe* (2012) gleich die eigene Literaturkritik mit zu erfinden: etwa in Form des Kulturwissenschaftlers Kai Rost, der bei der Schriftstellerin eine „verzweifelt ortlose Prosa" konstatiert. Er wird an Schärfe jedoch noch von seinem – ebenfalls fiktionalen – Kritiker-Kollegen Reimar Strat übertroffen, der fundamentaler ansetzt und im Werk der Autorin „altmodische Schnitzeljagden im Gewand dürftiger postpsychoanalytischer Spielereien" ausmacht.

Und wie sollen Literaturkritik und Feuilleton darauf reagieren? „Wo ‚Spiel' ausgemacht wird,", so Julika Griem, „stehen häufig Vorstellungen von befreiendem Probehandeln und entlastender Kompensation im Raum." (Bleibt alles im Spiel?, in: *Felicitas Hoppe. Text + Kritik*, 2015) Tatsächlich positioniert sich die Schriftstellerin mit ihrem ganzen Œuvre gegen eine Überbewertung des Instrumentellen und am Fließband Produzierten (gegen „Fordismus", *Prawda. Eine amerikanische Reise*). Gemäß einer solchen Logik dürfe nämlich nur das, was mit einem eisernen Arbeitswillen unter äußerster Schmerzbereitschaft vom *homo faber* hervorgebracht werde, als wirklich gültiges Werk gelten. Dagegen sei alles, was sich nicht mühevoller Plackerei, sondern einem spielerischen Umgang mit Wirklichkeit verdanke, mit größter Skepsis zu genießen.

Bei Hoppes hohem Einsatz für den *homo ludens* geht es nicht um Marginalien, sondern um Grundsätzliches: um eine Entscheidung von ethisch-literarischer Tragweite. Sie erliegt keineswegs der Faszination, die in exemplarischer Weise von Ernst Jüngers heroischer Vision *Des Arbeiters* ausgeht, wonach der Einzelne jeden Tag neu in den Kampf ziehen müsse, um sein Dasein in pausenloser, vierundzwanzigstündiger Aktivität – ohne jeden Sabbat – zu behaupten. Die Autorin folgt vielmehr einer christlich geprägten Wirklichkeitsauffassung. Danach besitze menschliche Existenz immer den Charakter eines Geschenks: einer nicht geschuldeten Gabe.

In Hoppes Kindheit und Jugend hat sich die Schriftstellerin im spielerischen Umgang ungezählte Texte und Töne erschlossen, aus denen die Schöpferin zahlreicher Kinderbücher, Erzählungen, Übersetzungen und Romane bis heute ihren inneren Reichtum bezieht. In ihrem 1996 erschienenen Debüt *Picknick der Friseure* verwandelt die Autorin z. B. Alltägliches in surreale Szenen und lebt dabei ganz aus jenen Energien, die durch Zeichen, Gleichnisse und – nicht zuletzt – Gesten freigesetzt werden.

Ein Jahr später unternahm die Schriftstellerin dann eine abenteuerliche Schiffsreise: für sie der Versuch, ihre „Literatur an der Wirklichkeit zu überprüfen, allerdings nicht auf einer Kreuzfahrt, sondern auf einem Containerschiff, auf dem ich in vier Monaten von Hamburg nach Hamburg um die Welt fuhr und danach meinen ersten Roman, *Pigafetta*, schrieb. In *Pigafetta* ist es der stotternde Schiffsmechaniker Nobell, der mit den Worten und Wörtern auf Kriegsfuß steht und sich deshalb ins Schweigen und Trinken zurückzieht. Besonders beredt ist das nicht, dafür aber hochgradig zeichenhaft (…). Das Schiff gleicht einer ozeanischen Einsiedelei, die Kabinen, ‚Kammern im Wasser‘, engen Mönchszellen; die Elemente sind übermächtig und lassen den Seemann verstummen".

In dem 1999 erschienenen *Pigafetta*-Buch – zum Namensgeber kürte die Schriftstellerin dabei den Chronisten von Magellans Weltumseglung – geht es der Verfasserin nicht um ein artifizielles, möglicherweise postmodernes Werk, wie einige Literaturkritiker zuerst meinten. Das Buch sei vielmehr – so die Autorin wiederum in ihrem Essay „Und schrieb in den Sand" – „nicht mehr und nicht weniger als das verspätete Logbuch einer katholischen Kindheit, die erst 30 Jahre später, auf eben jener Schiffsreise, in eine literarische Bewegung zwischen mündlicher Erinnerung und schriftlicher Beglaubigung gerät, die mit bewusster Motivarbeit wenig zu tun hat. Fast bin ich geneigt zu behaupten, jener Text sei, wenn nicht in Sand, so doch auf Wasser geschrieben, auf jenen beweglichen Untergrund, der Erkenntnis mit literarischen Mitteln freisetzt."

Wer diesen Umstand weiter überprüfen möchte, braucht sich bloß einige der typologisch anmutenden Kapitelüberschriften anzuschauen. Die lauten: *Gebete, Ge-*

sang, Erdbewohner, Vorbereitungen zur Taufe, Staub, Salz, Seemannssonntage, Zungen, Missionare und *Heimkehr.*

Wie sich Hoppes Figuren immer mehr freischwimmen, zeigt ihr drittes Buch: In *Paradiese, Übersee* (2003) werden der Kleine Baedeker und sein Bruder, der Pauschalist, vorgestellt. Diese weltanschaulichen Antipoden stehen für zwei Weisen des Umgangs mit Wirklichkeit. Mit anderen Worten: Sie sind gar keine individuellen Charaktere, sondern echte „Typen"; diese verdanken sich eher der Mündlichkeit, dem Nacherzählen sowie dem Umgang mit Märchen und Fabeln. In dem bereits zitierten Sammelband, der ihr Gesamtwerk beleuchtet, erklärte die Autorin dazu: „Wozu ein Charakter, wenn man auch ein Typ sein kann! Das ist das Hoppe-Verfahren: Geschichten mit Typen zu bevölkern und diese durch Situationen, durch Länder, durch Zeiten, durch Konstellationen reisen zu lassen" (Gespräch mit Per Trilcke/Jana Wolf, in: *Felicitas Hoppe. Text + Kritik*, 2015).

Während der Kleine Baedeker, kindlich, leichtgläubig, ohne Schulabschluss, sein Geld als Reiseführer mit Ritterkostüm verdient, indem er Touristen spielerisch mit längst verblassten Luxemburger Traditionen vertraut macht, ist sein stets zweifelnder Bruder als angestrengt forschender Wissenschaftler in der weiten Welt unterwegs. „Doch kommen beide, die Literatur nicht weniger als die Wissenschaft", so die Verfasserin, „an die Grenzen ihrer jeweiligen Erkenntnismöglichkeiten."

III.

Es ist keineswegs ein Zufall, dass Hoppe auch auf J. D. Salinger (1919–2010) aufmerksam macht. In *Franny und Zooey*, so die Autorin in „Dein Reich komme", gehe es nicht um ein abstraktes höchstes Wesen, sondern – fast eine fundamentalistische Provokation – um den Gottessohn Jesus Christus selbst. Geplagt von der Vorstellung, seine kleine Schwester könne im Sumpf amerikanischer Campusdiskurse ihre Seele verlieren, beginnt *Zooey*, kein Kirchenmann, sondern Schauspieler und Künstler von Beruf, *Franny* eine regelrechte Predigt zu halten; er stößt dabei in die Tiefe des theologischen Raumes vor:

„Jesus wusste, dass es keine Trennung von Gott gibt (...). Wer in der Bibel wusste, dass wir das himmlische Königreich in uns tragen, IM INNERN, wohin wir nie blicken, weil wir so verflucht dumm und sentimental und phantasielos sind? Man muss eben ein SOHN Gottes sein, um dieses Zeug zu wissen."

Tatsächlich scheint auch Hoppe eine Menge von „diesem Zeug" zu wissen. Wie die Rezeption ihres Werkes zeigt, gibt es kaum eine Gegenwartsautorin, bei der theologische Fragen wie die nach der „Fragilität der Ordnung" (Andreas Anter), nach „Berufung", „Erlösung" und „Gnade" derart Existenz und Identität ihrer Protagonistinnen und Helden prägen: so z. B. in *Johanna*, ihrer 2006 erschienenen Romanversion über die französische Nationalheldin Jeanne d'Arc, deren Kontext im vorliegenden Band in „Der doppelte Martin" erörtert wird.

Zwei Jahre später, 2008, folgte der von Kindern und Eltern gleichermaßen geliebte und vielfach wiederaufgelegte Band *Iwein Löwenritter*, der von einem Artusritter erzählt, der frei nach Hartmann von Aue bereit ist, Ruhm und Ehre über alles auf der Welt zu stellen. Als dieser jedoch Gefahr läuft, seine Seele in der Finsternis des Immerwaldes auf ewig zu verlieren, stellt sich der „König der Tiere" bedingungslos an Iweins Seite – der Löwe als Typus für eine den geschichtlichen Horizont übersteigende religiöse Wahrheit.

In analoger Weise erzählt die Geschichte *Der Mönch und das Minimum* (*Diakonia Lebensschlüssel Literatur*, 1/2020, herausgegeben von Thomas Brose) davon, wie ein Mönch das Minimum dabei begleitet, „ans Licht zu gelangen". „Der Mönch macht sich so klein wie das Minimum", erklärt die Literaturwissenschaftlerin Claudia Stockinger dazu. „Anders gesagt: Wie der christliche Gott in Jesus von Nazareth zum Menschen geworden ist, wird der Mönch selbst zu einem Minimum und begegnet diesem auf Augenhöhe. Er hilft ihm, Hindernisse aus eigener Kraft zu überwinden und die eigene Größe wahrzunehmen" (Religion bei Felicitas Hoppe, in: *Felicitas Hoppe. Text + Kritik*, 2015).

Ein Gedicht von Robert Gernhardt trägt den Titel „Immer" und beginnt folgendermaßen: „Immer einer behender als du / Du kriechst / Er geht / Du gehst / Er läuft / Du läufst / Er fliegt / Einer immer noch behender." Bekanntlich ist auch die Essayistin von einem großen Spiel- und Sportsgeist erfüllt. Dieser äußert sich auch darin, dass sie für diesen Band eigens einen Text über Christophorus, den stärksten aller Nothelfer, geschrieben hat. Mehr als jede andere Heiligengestalt wird dieser fromme Hochleistungssportler dem – übrigens von dem französischen Dominikaner Henri Didon erfundenen – Motto *Olympischer Spiele* in herausragender Weise gerecht: Citius, altius, fortius (Schneller, höher, stärker/weiter).

Die Autorin reagiert auf die für sie typische helle und schnelle Weise, indem sie schreibt: „Was Wunder also, dass man zwar nicht in der Kirche, dafür aber bei *Porsche* seinen wahren Warenwert schon vor siebzig Jahren erkannte: Seit 1952 ist das Firmenmagazin *Christophorus* der beste Begleiter eines der schönsten, hellsten und schnellsten Autos der Welt".

Schließlich erhält die Autorin im Jahr 2021 – u. a. nach Loriot und Robert Gernhardt, zwei großen Vorkämpfern für einen spielerischen Umgang mit Sprache – den *Kasseler Literaturpreis für grotesken Humor*. Die Preisvergabe wird von der Jury mit Hoppes „einzigartigem und vielfältigem Œuvre" begründet. Diesem liege „auf allen Ebenen des Schreibens Humor als Haltung zur Welt und als Quelle literarischer Einbildungskraft zugrunde." Tatsächlich ist die immer und überall – Schach, Karten oder Eishockey – spielende Protagonisten vor allem am „Spiel als Spiel" (Uwe Dörwald), nicht aber am Siegen interessiert.

Vielleicht hat sich Felicitas Hoppe deshalb für das Schreiben entschieden und für alle damit verbundenen Niederlagen in der komplizierten Korrespondenz zwischen Diesseits und Jenseits. Denn auf die Einsicht, in einer unvollkommenen Welt zu leben, auf die sie in „Gliedermann oder Gott" verweist, kann auch die Hellste und Schnellste nur mit Humor reagieren, wenn sie ihren fiktiven Eishockeytrainer sagen lässt:

„Was Sportsgeist betrifft (…) war sie bemerkenswert. Na gut, was ist Sportsgeist? Ich glaube, sie war einfach verliebt in das Wort, sie war andauernd verliebt in Wörter, was mir, ehrlich gesagt, auf die Nerven ging. Andauernd sagte sie Sachen wie: Was ist Sport ohne Geist und Geist ohne Sport? Geist ist, wenn du den Mund hältst. Und Sport ist, wenn du jetzt einfach mal deine Kufen polierst, die Schuhe anziehst und zusiehst, dass du warm wirst und aufs Eis kommst."

Sind die Leser erst einmal mit Hoppe warm geworden, müssen sie zwar den Mund nicht halten, können am Ende aber begreifen, wie man Niederlagen in Siege verwandelt. Spätestens „Die Weihnachtsgeschichte" erinnert nämlich daran, dass die Krippe, an der wir zweifelnd oder staunend stehen, jedes Jahr verlässlich Auskunft darüber gibt, dass das Allergrößte als Allerkleinstes erscheint – oder mit FH: Dass das Minimum in der Regel am Ende das Maximum ist.

I. Das aufgespannte Ohr Gottes

Ich komme aus einer katholischen Familie von Tag- und Nachtträumern, von schlesischen Vielrednern auf der Flucht, die auch ihre Träume einander nicht vorenthielten; Träume, von denen ich bis heute nicht weiß, ob sie wahr oder erfunden waren, sofern man überhaupt von erfundenen Träumen sprechen kann. Denn wo, wenn nicht im Traum, sind wir der Wahrheit am nächsten?

Aber es gab auch Momente der Gegenbewegung, der Selbstverteidigung und des Selbstschutzes, die darin bestanden, das Erzählte zurückzuweisen oder gelegentlich das Zuhören zu verweigern: „Nicht beim Frühstück!", hieß es dann, oder: „Nicht jetzt, lieber später." Wohl wissend, dass es beim Erzählen eines Traumes kein Später gibt, weil Träume, sofern man sie nicht durch sofortiges Erzählen befestigt, sich bekanntlich in Sekundenschnelle ins nicht Erzählbare hin auflösen.

Der Wunsch, sich trotzdem zu offenbaren, ist so natürlich wie zweischneidig: ein Hin- und Hergerissensein zwischen einer Preisgabe, von der man sich Erleichterung oder Aufmerksamkeit erhofft, und der Wahrung eines Geheimnisses, das man lieber für sich behielte. Warum erzählen wir trotzdem? Wer oder was drängt uns dazu, unsere Geschichten unter die Leute zu bringen, und wer profitiert davon, wenn wir es tun? Und: Wie ist der Raum unseres Sprechens und unserer scheinbaren Selbstoffenbarung beschaffen? Wohin stellen wir unsere Geschichten?

Natürlich ist es ein Unterschied, ob wir in der Küche oder auf dem Podium sprechen, privat oder öffentlich. Wenn wir „privat" bleiben wollen, heißt das nicht, dass wir etwas für uns behalten, weil wir es zu verbergen hätten, sondern dass wir von einem Sprechen in geschützten Räumen träumen. Diese Räume, falls es sie jemals gab, sind inzwischen ziemlich selten geworden, denn wir sind längst im Begriff, selbst die Illusion davon abzuschaffen. Sprechen, allem voran das unermüdliche Sprechen über uns selbst, ist das Gebot der Stunde: Wir sprechen mit Händen und Füßen und wie uns der Schnabel gewachsen ist.

Allerdings sprechen wir dabei meistens gar nicht über uns selbst, sondern folgen fest einstudierten Rollenmustern, die wir selten hinterfragen und kaum variieren. Weil es so schwer ist, wirklich von sich zu sprechen, ahmen wir Formen des Sprechens nach. Wir neigen dazu, unsere Person mit einer Rolle zu verwechseln, weil uns die Rolle leichter erscheint als die eigene Person. Von einem ernsthaften Interesse am anderen ganz zu schweigen: Ehrliches Interesse setzt Zuneigung voraus und eine Neugier, die mit Voyeurismus nichts zu tun hat. Als Teilnehmer eines zwanghaften Wettbewerbs, dabei unermüdlich auf Belohnung und Bestätigung aus, erzählen wir nur selten das, was wir wirklich wollen, sondern allem voran das, was andere von uns hören möchten.

Tückischerweise wird unser Selbstbekenntnis nie mit Erleichterung belohnt, von Absolution ganz zu schweigen. Absolution nämlich hieße, dass wir kurzfristig entlastet verstummen dürften. Doch die Medien sind nicht weniger unersättlich als die alten Märchendrachen unserer Kindheit, die bekanntlich unablässig auf den Verzehr von frischen Jungfrauen aus sind. Der Zustand der Sättigung und der Erlösung ist ihnen vollkommen unbekannt. Je mehr sie fressen, desto hungriger werden sie. Bleibt die Lieferung aus, bricht das System zusammen, und wehe einer Gesellschaft, die sich entschlösse, ihren Drachen die Geschäftsbeziehung aufzukündigen.

Um einem Missverständnis vorzubeugen: Dies ist keine Polemik gegen die Medien, kein Aufruf, womöglich öffentlich zu verstummen, von perverser Geheimhaltung oder Zurückhaltung von Informationen gar nicht zu reden. Und erst recht kein Plädoyer gegen das Sprechen selbst, sondern nichts als der Versuch, einen entscheidenden Unterschied zu bezeichnen: zwischen verkäuflich verwaltetem Sprechen und dem mehr als schwierigen Unterfangen, Dinge im wahrsten Sinn des Wortes *zur Sprache* zu bringen.

Meine erste Beichte legte ich im Alter von fünf Jahren ab, kurz bevor ich zur ersten so genannten Heiligen Kommunion ging, einer *Frühkommunion*, wie es damals hieß, der ich nicht im Geringsten gewachsen war. Doch die Möglichkeit einer persönlichen Beichte erschien mir geheimnis- und verheißungsvoll und der Beichtstuhl als ein Ort, an dem alles gesagt, aber nichts verraten wurde: das *aufgespannte Ohr Gottes*, dem ich straffrei anvertraute, was ich mir ausgedacht hatte. Ich sage „ausgedacht", weil alles, was ich dem Ohr Gottes zu sagen hatte, tatsächlich ausgedacht war, eine Mischung aus vagem Schuldbekenntnis und einer Erfindung von Sünden in Gedanken, Worten und Werken, die ich nur scheinbar begangen hatte. Denn von Schuld und Sünde hatte ich im Alter von fünf bestenfalls eine Ahnung, aber noch kein Bewusstsein.

Doch vermutlich war ich gerade deshalb dem vermaledeiten Beichtstuhl nur als Kind gewachsen, denn in den Jahren nach meiner Frühkommunion habe ich ihn, genau wie meine Eltern, niemals wieder betreten; ihre Zweifel an einer gültigen Absolution hatten sich längst auf mich selbst übertragen. Meine erste Beichte wurde zu einer höchst romantischen Kindheitsgeschichte, in der ich, jenseits aller Zweifel an der Institution, nicht nur die Schönheit der Diskretion und den Glauben an die unendlichen Möglichkeiten der Fiktion beschwor, sondern zugleich auch die Absolution davon, von der ich schon damals ahnte, dass sie in der öffentlichen Welt niemals zu haben sein würde.

Ob Gott dereinst gnädiger als die Medien sein wird, sei dahingestellt; dass die Welt allerdings keine Gnade kennt, ist hinlänglich bekannt. Niemals wieder hat man mich dermaßen beim Wort genommen wie in den Beichtstühlen meiner Kindheit, was vermutlich schlicht und einfach der Tatsache geschuldet war, dass der so gut wie unsichtbare

Geistliche, der weder auf Befragung noch Tadel aus war, aufgrund seines Amtes keine andere, und keine geringere Aufgabe hatte, als mir alle erfundenen und nicht erfundenen Sünden gleichermaßen zu vergeben und, nachdem er mir zwei *Vaterunser* und drei *Gegrüßet seist du Maria* auferlegt hatte, die Geschichten, die er vermutlich schon unzählige Male zuvor gehört hatte, sofort wieder zu vergessen.

Auf keinem Podium der Welt dagegen hat man mir jemals wirklich Glauben geschenkt. Das Podium ist Bühne, das Gespräch immer Aufführung; und allen gegenteiligen Selbstbehauptungen zum Trotz sind Moderatoren und Talkmaster weder Priester noch Gott, sondern den strengen weltlichen Gesetzen dauernder Unterhaltung und Verwertung unterworfen, die nichts anderes zu verwalten haben als das Streckbett verzerrter Gefühle, eingekaufter Meinungen und Empfindungen, Geständnisse und Erfindungen. Ein Haufen liebloser, selbsternannter Beichtmütter und -väter der Öffentlichkeit rund um die Uhr.

Im Eifer des Gefechts neigt der geladene Podiant als gelehriger Schüler und Gast dazu, sich auf Kommando nach der Decke zu strecken und sich den Gesetzen der Darstellung so schnell und erfolgreich wie möglich zu unterwerfen; wobei er gerne vergisst, dass, was wir einmal gesagt haben, nicht nur in der Welt ist, sondern auch in ihr bleibt, selbst wenn das meiste kurzfristig in Vergessenheit gerät. Die Spuren allerdings bleiben sichtbar: Wie groß der Ab-

rieb tatsächlich ist, beweisen die Gesichtszüge der Dauer-
podianten und Profibekenner, vor deren Anblick uns kein
gnädiges Beichtgitter bewahrt.

Wir kennen sie allzu gut, die alltägliche Bedrohung
durch die *Schlagzeile*, die sich immer neu als Verheißung
verkauft und immer wieder dasselbe verspricht, das Neuste
vom Neuen: „Jetzt packe ich aus, jetzt werde ich sprechen,
jetzt muss die ganze Wahrheit ans Licht: Hilfe! Ich liebe
einen Mörder! Hilfe! Ich hasse meine Mutter! Hilfe! Ich
habe Geld hinterzogen! Ja, ich möchte ein Kind von dir,
und ich möchte, dass es die ganze Welt weiß."

Wie das Arztgeheimnis gehört auch das Beichtgeheimnis
zu einer der letzten Bastionen der Geheimhaltung und
Verschwiegenheit. Im Gegensatz zu medialen Institutio-
nen wird eine unrechtmäßige Weitergabe oder Verwertung von Informationen in beiden Fällen umgehend ge-
ahndet. Entscheidend ist hierbei der kleine Unterschied:
Während die Verletzung des Arztgeheimnisses strafrecht-
lich behandelt wird, muss sich ein Geistlicher, der das
Beichtgeheimnis verletzt hat, auch ohne Mitwisserschaft
Dritter, umgehend als von höherer Stelle exkommuni-
ziert betrachten.

In einer weltlichen Gesellschaft, die, weil sie selbst
keine Geheimnisse mehr kennt, zu einer Gesellschaft
von Geheimniskrämern geworden ist, die das Geheimnis
ausschließlich als Ware oder als kriminalistische Herausforderung behandeln, ist die Idee der Exkommunikation
nicht nur befremdlich, sondern vor allem unverständlich

und entfaltet medial ihr Echo nur noch im Film, wo sich die Figur des Priesters im Konflikt mit Gott, der Welt und seinen Beichtkindern immer noch großer Beliebtheit erfreut. In Wahrheit ist der Priester längst eine literarische Randerscheinung geworden, Projektionsfläche, eine Figur, die stellvertretend die schlüpfrigen Konflikte einer Gesellschaft verhandelt, die durch und durch auf Selbsterlösung abonniert ist, weshalb wir auf die Exkommunikation von Talkmastern noch warten müssen.

„Wer redet, ist nicht tot", behauptet Gottfried Benn. Aber wer sagt uns, dass Tote nicht reden? Gesetzt den Fall, es gibt eine Hölle, so stelle ich sie mir als einen stickigen Ort vor, an dem ununterbrochen gesprochen wird und an dem wir, auf ewig!, gezwungen sein werden, von morgens bis abends die Geschichten anderer zu hören, die vorgeben, auch unsere Geschichten zu sein, aber nie die eigenen sind. Sie bestechen allem voran dadurch, dass sie immer dieselben sind. Der Teufel, so viel Kohle wir auch nachlegen mögen, tanzt um immer dasselbe Feuer. In der Hölle gibt es keine Neuigkeiten.

Im Himmel dagegen ist es weder heiß noch gemütlich, sondern einfach gerecht, weil dort beim Jüngsten Gericht auch von jenen Lügen und Wahrheiten im Beichtstuhl die Rede sein wird, von denen wir bis heute nichts wissen: von Mord und Missbrauch und Mutterhass. Lauter offene Rechnungen, die darauf warten, endlich ein für alle Mal beglichen zu werden. Und, die schlechte Nachricht zum Schluss: *Ohne Ansehen der Person!*

II. Ohne Ansehen der Person

Eine Kanzelrede

Galater 2,6: „Von den maßgebenden Männern aber – wer immer sie waren, ist mir gleichgültig, Gott sieht nicht auf die Person …"

Als Kinder versteckten wir uns gern in paradiesischen Gärten, in denen eines von uns, die Stirn mit fest zugehaltenen Augen gegen einen Baumstamm gedrückt, langsam und feierlich bis zehn zählen musste, um schließlich laut ICH KOMME zu rufen. Wir anderen suchten nach einem Versteck, hielten den Atem an und duckten uns weg. Doch jenseits des fröhlichen Wettbewerbs kennt jedes Kind dieses Schwanken zwischen dem Wunsch, möglichst lange in Deckung zu bleiben, und dem Unglück, für immer sitzen zu bleiben; weil das Glück des Verbergens nur dem größeren Glück vorausgehen will, endlich gefunden zu werden, erkannt und geliebt als der oder die oder das, was man ist. Denn der Mensch ist nun mal darauf angewiesen, dass man ihn wahrnimmt, dass man ihn sieht. Auf das Ansehen der Person kommt es an.

Allerdings kommen Mensch und Person nicht notwendig zur Deckung: Im Altgriechischen meint die

Person das Gesicht oder die sichtbare Gestalt des Menschen. Eine andere Ableitung verweist auf das Gesicht als Maske, hinter der sich angeblich verbirgt, was wir wirklich sind. Ansehen ist eine so einfache wie komplizierte Vokabel. Das Verb meint nichts anderes als hinschauen, wahrnehmen, etwas zur Kenntnis und in Augenschein nehmen, im besten Fall, zu betrachten. Doch mit jedem Ansehen geht, bewusst oder unbewusst, eine Zuordnung einher, die sich von einer Bewertung der Wahrnehmung nicht trennen lässt. Wer hinschaut und sieht, ordnet ein. Er gleicht Bekanntes mit Unbekanntem ab, Unvertrautes mir scheinbar Vertrautem, und bildet dabei jenes nützliche Vorurteil aus, ohne das, seine Revision immer mitgedacht, menschliche Kommunikation nicht möglich ist.

Verben sind beweglich, Substantive dagegen frieren sie ein und gießen sie in eine statische Norm. Das Ansehen bezeichnet den Status, den wir in einer Gruppe oder Gesellschaft genießen, und bildet ein beeindruckend großes Wortfeld aus: Jemand genießt Achtung, Autorität, Bedeutung, Ehre und Einfluss, hat Format und Geltung, Gewicht und Größe, Image, Leumund, Prestige und Profil, Rang und Reputation, Stellung, Würde und Amt.

All das dürfte dem Apostel Paulus alias Saulus, von einem göttlichen Licht geblendet zu Boden geworfen, kurzfristig abhandengekommen sein, als er im Staub einer Straße Richtung Damaskus plötzlich eine Stimme vernahm, die er nicht kannte: „Saul, Saul, warum verfolgst du mich? Er fragte: Wer bist du, Herr? Dieser antwortete: Ich bin Jesus, den du verfolgst. Doch steh auf und geh in die Stadt;

dort wird man dir sagen, was du tun sollst. (…) Saulus erhob sich vom Boden. Als er jedoch die Augen aufschlug, sah er nichts." (Apg 9,4–6.8) Bis er vermutlich, so kühn wie verzweifelt, ICH KOMME rief und sich auf die Suche nach einer Gemeinde machte, der er seine Frohe Botschaft verkünden wollte.

Seine Briefe sind für mich bis heute ein Geheimnis geblieben, eine Botschaft von unbekannten Orten, an denen abwechselnd mal Galater, mal Thessalonicher, gelegentlich auch Korinther und Römer oder Kolosser, Philipper und Epheser wohnten. Wie oft habe ich als Kind in der Sonntagsmesse diese Briefe gehört, ohne Ansehen derer, an die die historische Botschaft gerichtet war, die mich jetzt wie eine Stille Post auf Umwegen im Großmünster von Zürich erreicht und mir so fremd wie vertraut vorkommt.

Doch aktueller könnte die Botschaft kaum sein in diesen Tagen des ständigen Streitens darüber, wer oder was wir tatsächlich sind und ob man uns wirklich anerkennt, als der oder die oder das, was wir sind, in einer Gesellschaft, in der wir, ob es uns passt oder nicht, am Ende alle bloß Gäste auf Abruf sind. Denn: „Gott achtet das Ansehen des Menschen nicht." So steht es bei Luther, während wir in der Zürcher Bibel lesen: „Bei Gott gibt es kein Ansehen der Person."

Während sich angesehene Übersetzer bis heute über den feinen Unterschied zwischen Mensch und Person streiten dürfen, stellt sich mir allerdings eine ganz andere Frage: Wie hat sich dieser Saulus alias Paulus – in Konkurrenz zu Petrus ein verspäteter Apostel und konvertierter Missionar zweiter Klasse – dieses neue und eigene Ansehen verschafft? Ohne Zweifel ein Karrieresprung erster Klasse, der einen radikalen Bruch mit der Tradition markiert, der unwiderruflich nach einer anderen, neuen Ordnung verlangt. Aber: Worin besteht seine Ansicht von einem Gott, von dem er so kühn zu behaupten wagt, er achte das Ansehen des Menschen nicht. Auf was achtet Gott dann?

Die Kraft der paulinischen Briefe beruht durchaus nicht allein, aber auch nicht zuletzt auf ihrer genialen Rhetorik und auf ihrem kühnen Behauptungscharakter, weshalb wir nach wie vor geneigt sind, ihm, ohne Ansehen seiner Person, unseren Glauben zu schenken. Doch die Wucht seiner Rede ist nicht leicht zu verdauen. Vermutlich sind wir deshalb bis heute in zahlreichen Sonntagspredigten damit beschäftigt, die Behauptung, dass Gott nichts von unserem Ansehen halte, zu einer möglichst schmerzlosen Herzensangelegenheit herunterzukürzen, die für jeden von uns kompatibel ist: Gott schaue nicht auf unser Gesicht, sondern auf den Menschen hinter der Maske; er schaue uns also mitten ins Herz und nehme uns an, wie wir wirklich sind.

Das könnte eine so frohe wie revolutionäre Botschaft sein; doch sie könnte auch in jedem Poesiealbum stehen. Denn sie bleibt trivial, solange sie uns von der komplizierten Aufgabe entbindet, untereinander zu praktizieren, was wir glauben, von Gott erwarten zu dürfen; und dabei mit der einfachen Tatsache fertig zu werden, dass wir als Menschen so gleich wie verschieden sind und voneinander genauso wenig wissen wie von Gott selbst. Weltliche Richter können ein Lied davon singen, wenn sie folgenden kühnen Amtseid ablegen: „Ich schwöre, das Richteramt getreu dem Gesetz auszuüben, nach bestem Wissen und Gewissen ohne Ansehen der Person zu urteilen und nur der Wahrheit und Gerechtigkeit zu dienen, so wahr mir Gott helfe."

Dass der Eid der Person, die ihre Hand auf Gesetzbuch, Bibel und Herz legt, auch ohne Gottes Hilfe zu leisten ist, macht die Sache nicht einfacher. Denn wo sich der Gedanke an ein Jüngstes Gericht aus guten Gründen verbietet, gerät auch das gute alte Gewissen ins Wanken, und wir müssen umso verzweifelter darum kämpfen, unser Ansehen ins rechte Licht zu rücken, indem wir jeden Tag von vorne ICH KOMME rufen. Denn bekanntlich ist Justitia blind: Auf zahlreichen Bildern tritt sie uns mit einer Augenbinde entgegen und hält in der Hand eine Waage, auf der nur der kleinste Teil unserer Anliegen liegt.

Dürfte ich einen Brief an die Galater schreiben, er würde lauten wie folgt: Schwestern und Brüder: Gestern habe ich eine Kanzelrede im Großmünster zu Zürich gehalten. Dabei habe ich das Wichtigste, wie immer, vergessen: Gott ist nicht blind, sondern sitzt vermutlich ohne Ansehen der Person zwischen dem Splitter im Auge des einen und dem Balken im Auge des anderen an einem frisch gezimmerten runden Tisch, der kein Kopf- und kein Fußende hat. An einem Tisch, an dem Platz für uns alle ist.

Reservationen sind bekanntlich nicht möglich: weder durch gesteigerte Frömmigkeit noch durch gute Werke und

Worte, nicht durch ein gutes Herz und durch ein schlechtes Gewissen schon gar nicht. Doch, mit etwas Glück, wird man mich dort nicht zwischen Petrus und Paulus platzieren, sondern zwischen den Galatern und den Korinthern; weil Gott nicht auf unsere Justitia schaut, sondern auf den so kleinen wie ungesättigten Rest, der jeden Sonntag von vorn danach verlangt, endlich gefunden, gesehen und gefüttert zu werden.

Ein so schlichtes wie einfaches Abendmahl, der uralte Versuch, jenseits von Splitter und Balken eine Gemeinschaft zu pflegen, von der übrigens durchaus nicht jeder träumt, denn Utopien sind bekanntlich nicht jedermanns Sache. Einzig die Korinther, Empfänger des schönsten Briefes von allen, können ein Lied von der großen Verwandlung singen: „Jetzt sehen wir in einem Spiegel alles rätselhaft, dann aber von Angesicht zu Angesicht. Jetzt erkenne ich stückweise, dann aber werde ich ganz erkennen, so wie auch ich ganz erkannt worden bin." (1. Kor 13,12) Aber erst dann, wenn die Liebe endlich bis zehn gezählt hat, um von Angesicht zu Angesicht laut ICH KOMME zu rufen.

III. Das rote Seil

In meiner Erinnerung hängt das *Buch Josua* an einem einzigen Faden, genauer an einem roten Seil, das aus dem Fenster eines einfachen Hauses hängt, das nicht Teil des Zentrums, sondern Teil einer wehrhaften Stadtmauer ist, der hohen Mauer von Jericho. Es ist das rote Seil meiner Erinnerung an die berühmte von Hermine Schäfer illustrierte Kinderbibel von Anne de Vries, von dem ich seit meiner Kindheit bis noch vor wenigen Wochen glaubte, er sei, seinem Namen nach, eine Frau.

Doch Anne de Vries ist keine Frau, sondern wuchs als jüngster Bruder von sieben Schwestern auf einem in der Nähe von Assens gelegenen Bauernhof in den Niederlanden auf. Als Schüler schrieb er Artikel für eine lokale Tageszeitung, für die er jeweils zwei Kwartjes, 50 niederländische Cent bekam. Für eine Weihnachtsgeschichte erhielt er immerhin 250 Cent, einen ganzen Rijksdaaler. Nach dem Besuch der Schule versuchte er sich vom Gärtner bis zum Schriftsetzer, besuchte ein Lehrerseminar und arbeitete danach als Dorflehrer, bevor er 1926 Lehrer in einer Blindenschule wurde.

1930 schloss Anne de Vries die Ehe mit Alida Gerdina van Wermeskerken, aus der fünf Kinder stammen. Im selben Jahr erschien sein erstes Schullesebuch, dem bis zu seinem Tod viele weitere folgten. 1935 kam sein erster Roman, *Bartje*, heraus, in dem er die Jugend des Sohnes einer armen Landarbeiterfamilie in seiner Heimat Drenthe beschreibt und der ihn berühmt machte.

Anne de Vries engagierte sich gegen den Nationalsozialismus, versteckte jüdische Flüchtlinge und christliche Widerstandskämpfer, veröffentlichte den Lebensbericht einer Auschwitz-Überlebenden und widmete zwei seiner Bücher der Untergrundarbeit. Dass er dabei die Namen derjenigen preisgab, die zur nationalsozialistischen Bewegung der Niederlande gehörten, nahmen ihm einige Landsleute übel.

1952 trat Anne de Vries eine Reise in die niederländische Kolonie Suriname an. Nach der Rückreise verarbeitete er seine Eindrücke in mehreren Kinderbüchern. In den letzten Jahren seines Lebens war er Vorsitzender der Fachgruppe für Literatur des *Bundes Christlicher Kunstfreunde*. Neben *Bartje* und Schullesebüchern schrieb Anne de Vries weitere Prosa für Erwachsene und Kinder. In Deutschland wurde er vor allem durch seine Kinderbibeln bekannt.

Ich wurde vier Jahre vor seinem Tod geboren, im Dezember 1960, als drittes von fünf Kindern schlesischer Eltern in der katholischen Diaspora in Hameln an der Weser. Von *Bartje* habe ich nie gehört, doch die Kinderbibel von Anne de Vries hat mich bis heute geprägt, denn sie ist die einzige Bibel, die ich tatsächlich von vorne bis hinten las oder mir wenigstens vorlesen ließ, meistens von unserer Mutter, die ihre fünf Kinder beim Vorlesen dazu anhielt, in einfachen

Schulheften mitzuzeichnen, was wir von ihr zu hören bekamen.

So hat sich das magische rote Seil (in der Übersetzung so märchenhaft wie königlich *purpurrot*!) bis heute in fünffacher Ausfertigung erhalten, ein Fluchtrequisit, mit dessen Hilfe man bei Bedarf jederzeit ins andere, also auch ins feindliche Lager wechseln kann. Nicht dass wir damals verstanden hätten, worum es wirklich ging und worum es bis heute tatsächlich geht: um die Einlösung eines göttlichen Versprechens erstens, und zweitens um radikale Vernichtung und mögliche Rettung durch einen einfachen Pakt. Wir waren unbedarfte kindliche Hörer, ganz auf den Spannungsbogen fixiert, dem Anne de Vries auch in seiner biblischen Nacherzählung folgt.

Denn wie jeder gute Erzähler wusste er natürlich genau, dass es beim Erzählen auf den Fokus ankommt, auf das, was die Erzählung in den Mittelpunkt rückt. Kein Wunder, dass mir der Namensgeber und hohe Held des alttestamentlichen Buches, *Josua*, damals nur schattenhaft im Gedächtnis blieb. Im Alten Testament nach Anne de Vries ist es nämlich nicht Josua, sondern eine Frau, die dem Kapitel der *Reise ins Gelobte Land* seine Überschrift gibt. Bereits im Inhaltsverzeichnis trägt es nicht Josuas Namen, sondern den Namen von *Rahab* und macht damit, nach einer nicht enden wollenden Männerriege, von Abraham über Josef bis hin zu Moses, um hier nur die Wichtigsten zu nennen, den Erben der großen Mission um ein Haar zu einer Nebenfigur in der alten Geschichte der Prostitution.

Das ist, unter den bild- und klangmächtigen Posaunen von Jericho, die in der Folge bis in die Jetztzeit hinein ein Arsenal von kampfstarken Gospels erschaffen haben, die historisch und politisch nach wie vor wirkmächtig sind, eine Überraschung; denn wer, wenn nicht Josua, ist es gewesen, der die Mauern von Jericho zu ihrem biblisch wirksamen Einsturz brachte: „Joshua fought the battle of Jericho and the walls came tumbling down!" Um in der singenden Arbeit am Mythos wie folgt fortzufahren: „You may talk about your king of Gideon, you may talk about your man of Saul, there's none like good old Joshua at the battle of Jericho."

Die nächste Strophe illustriert den Eroberungsgang wie folgt: „Up to the walls of Jericho he marched with spear in hand, ‚Go blow them ram-horns' Joshua cried, ,'cause the battle is in my hand.'" Um in einem triumphalistischen Präsens in die dritte und letzte Strophe zu münden: „Then the lamb ram sheep horns begin a blow, trumpets begin a sound. Joshua commanded the children to shout, and the walls came tumbling down."

Gänzlich unpoetisch von mir ins Deutsche gebracht hört sich das etwa so an: „Josua focht die Schlacht von Jericho, und krachend stürzten die Mauern ein. Du kannst von König Gideon erzählen oder von König Saul, aber es gibt keinen wie den guten alten Josua in der Schlacht von Jericho. Er marschierte direkt auf die Mauern zu, mit dem Speer in der Hand: ‚Auf, blast in die Widderhörner!', schrie er, ‚denn die Schlacht ist in meiner Hand!' Dann ließ Josua die Leute spielen, die Trompeten mit mächtigem

Klang, und sie bliesen so schrecklich und laut und lang, bis die Mauer endlich sank."

Text und Melodie sind von der Gesellschaft für musikalische Aufführungs- und mechanische Vervielfältigungsrechte (GEMA) als gemeinfrei eingestuft, wohl nicht zuletzt deshalb, weil aufgrund der mündlichen Überlieferung eine Vielzahl von Versionen und Varianten existiert, die mühelos eine Brücke zur Popkultur schlagen und das alttestamentarische Personal hier und da gern zum Beispiel um eine Mary oder um einen John erweitern.

Doch bevor ich hier in Versuchung gerate, eine vergleichende Exegese von Bibel, Folksong und Spiritual vorzunehmen (in dem auch das *Golden Gate Quartett*, von dem in meinem Elternhaus bis heute eine Sammlung von Schallplatten existiert, eine Rolle zu spielen hätte), kehren wir lieber zum Original zurück und werfen einen Blick auf die aktuelle Einheitsübersetzung aus dem Jahr 2016, die den Vorgang wie folgt schildert:

„Am siebten Tag aber brachen sie beim Anbruch der Morgenröte auf und zogen, wie gewohnt, um die Stadt, siebenmal; nur an diesem Tag zogen sie siebenmal um die Stadt. Als die Priester beim siebten Mal die Hörner bliesen, sagte Josua zum Volk: Erhebt das Kriegsgeschrei! Denn der HERR hat die Stadt in eure Gewalt gegeben. Die Stadt mit allem, was in ihr ist, soll Banngut für den HERRN werden. Nur die Dirne Rahab und alle, die bei ihr im Haus sind, sollen am Leben bleiben, weil sie die Boten versteckt hat, die wir ausgeschickt hatten. Aber seid auf der Hut vor dem Banngut, damit ihr es nicht als Banngut erklärt und dann doch davon wegnehmt. So würdet ihr das Lager Israels zum Banngut machen und es ins Unglück stürzen. Alles Silber und Gold und die Geräte aus Bronze und Eisen sollen dem HERRN geweiht sein und in den Schatz des HERRN kommen. Darauf erhob das Volk das Kriegsgeschrei, und die Widderhörner wurden geblasen. Als das Volk den Hörnerschall hörte, brach es in laut schallendes Geschrei aus. Die Stadtmauer stürzte in sich zusammen, und das Volk stieg in die Stadt hinein, jeder an der nächstbesten Stelle. So eroberten sie die Stadt. Alles, was in der Stadt war, machten sie zu Banngut, Männer und Frauen, Kinder und Alte, Rinder, Schafe und Esel, mit der Schärfe des Schwertes." (Jos 6,15–21)

Bei Anne de Vries hört sich das, wesentlich komprimiert, etwas anders an, und zwar so: „Wieder kam ein Tag: Der siebte Tag. Und wieder kam das ganze Volk Israel angezogen. Aber diesmal ging es nicht nur einmal um die Stadt Jericho, sondern mehrere Male, zweimal, dreimal, immer wieder. Siebenmal im Ganzen ging es um die ganze Stadt herum. Dann blieben die Männer stehen. Und plötzlich begannen sie alle zu rufen und zu jauchzen, als hätten sie bereits gesiegt. So war es auch. Denn siehe, die dicken Mauern begannen zu wackeln und zu wanken und fielen um. Das Volk Israel konnte nun einfach in die Stadt hineinstürmen. Von all den feindseligen Bewohnern der Stadt ist dann auch nicht einer übriggeblieben." (AdV 88)

Hätte man mich gebeten, die Geschichte von Josua nachzuerzählen, hätte ich der Verführung durch den Stoff wahrscheinlich nicht widerstehen können und bei der Inszenierung ganz auf die Musik, also auf Pomp und Posaunen gesetzt, auf magische Widderhörner und auf Trompeten; vermutlich hätte ich auch ein paar Speere zum Einsatz gebracht, um Josua den größten Auftritt seines Lebens zu verschaffen und mit der prahlerisch geliehenen Stimme der unberufenen Erzählerin die Stimme eines Gottes zu imitieren, der sein Volk quasi symphonisch erst durch den Jordan und dann zum Erfolg führt, um nebenbei deutlich zu machen, was es wirklich (tatsächlich) bedeutet, „über den Jordan" zu gehen.

Nichts davon bei Anne de Vries, der in den 50er Jahren des letzten Jahrhunderts dem Nachfolger von Moses nicht nur Widderhörner, Posaunen und Speere verweigert, sondern auch die Präsenz der wandernden Bundeslade in den Händen staatstragender Priester, ganz zu schweigen von der Aussicht auf Banngut. Stattdessen lässt er das Volk Gottes, nach seinem siebenfachen Schweigemarsch rund um die Stadt („Was will nur das dumme Volk Israel? Will es so unsere Stadt erobern?" (AdV 88), vollkommen unmilitärisch einfach rufen und jauchzen. (Und siehe: Die Mauern begannen zu schwanken!) Es sind also nicht die Posaunen und Hörner (letztere sieht man auf den Bildern von Hermine Schäfer übrigens sehr deutlich), es ist kein magischer Zauber, nicht einmal ein Gott, sondern es ist die vitale Stimme des Volkes selbst, die die Mauern tatsächlich zum Einsturz bringt.

Es ist bemerkenswert, dass Anne de Vries die Kampfhandlung entschieden ausspart. Genau genommen gibt es gar keinen Kampf, die Geschichte gleicht in der Nacherzählung fast einer friedlichen Übernahme, grammatikalisch verbleibt sie im Konjunktiv: „Als hätten sie bereits gesiegt." Von einer Schlacht kann also keine Rede sein, schon gar nicht davon, dass Josua auch nur den geringsten Einfluss auf ihren Ausgang hat, in anderen Worten: The battle was NOT in his hand. Als wäre die Eroberung nichts als ein Kinderspiel, in dem niemand zu Schaden kommt, obwohl der Erzähler sehr genau weiß, dass es de facto ums Ganze geht, denn am Ende heißt es bei Anne de Fries lakonisch: „Von den feindseligen Bewohnern der Stadt ist dann auch nicht einer übriggeblieben." (AdV 88)

Doch bereits im nächsten Absatz wird uns so abrupt wie prosaisch mitgeteilt: „Aber ein Stück von der Mauer war stehengeblieben. Dafür hatte Gott gesorgt. Auf diesem Mauerstück stand ein Haus. Und was hing aus dem Fenster des Hauses? Ein dickes rotes Seil." (AdV 88) Womit wir endlich wieder bei Rahab sind, und „Rahab war eine schlaue Frau", wie uns Anne de Vries bereits am Beginn seines Kapitels über die Landnahme wissen lässt. Offenbar ist Rahab die Einzige, die die Zeichen der Zeit zu deuten weiß und der Deutung eine pragmatische Handlung folgen lässt: Sie schließt mit den Botschaftern Israels einen so einfachen wie wirksamen Pakt, indem sie, wie eine zur Ehe entschlossene Frau, die alten Götter gegen den einzig wahren eintauscht, denn: „Gott wird euch bald dieses Land geben und diese Stadt dazu. Er kann alles, das haben wir hier schon gehört. Er hat euch auch mitten durch das Meer geführt. (...) Und darum bin ich auch gut zu euch gewesen.

Nun müsst ihr mir aber versprechen, dass ihr auch gut zu mir sein werdet." (AdV 86)

Ist Rahab bloß klug oder opportunistisch? Eine Frage, die wir uns als Kinder genauso wenig stellten wie die Frage nach ihrem Beruf. Für uns war sie eine einfache Wirtin, eine universale Gastgeberin, die einfache Hauptfigur einer Geschichte, von der wir wissen wollten, wie sie weitergeht.

Das *Buch Josua* erzählt eine Geschichte zwischen Gewalt und Diplomatie, die uns, wie die meisten Geschichten des Alten Testaments, vorführt, dass eine Geschichte, um geschichtlich wirksam zu bleiben, über die buchhalterische Chronik ihrer Stammväter und Gesetze hinaus eines packenden Protagonisten bedarf, der, um tatsächlich sichtbar zu werden, einen eigenen Namen tragen muss und dessen Existenz sich an einem bündigen Requisit festmachen lässt: zum Beispiel an einem roten Seil.

Dass sich Anne de Vries in der Überfülle des Materials mit sicherer Hand für Rahab entscheidet, ist seiner intuitiven dramaturgischen Klugheit geschuldet. In anderen Worten: Rahab, die sich schon von Berufs wegen eindeutig auf der untersten Stufe der sozialen Hierarchie der Gesellschaft befindet und vermutlich außer ihrem Leben nicht viel zu verlieren hat, ist die einzige Figur, die uns, neben Josua, dem designierten Helden, in der Fülle von Namen und Stämmen, von denen die meisten für heutige Leser außer ihrem jeweiligen Abstammungskollektiv rein gar nichts bezeichnen, tatsächlich interessiert. Sie ist eine Frau aus dem täglichen Leben, die offenbar sehr genau weiß, wie und wo man bei Bedarf seine Männer versteckt, wenn Gefahr im Verzug ist, nämlich „oben auf dem flachen Dach, unter einem Haufen Stroh. Rahab war eine schlaue Frau." (AdV 86) In anderen Worten: Sie ist dem Leben gewachsen und weiß, wie man auf die Wechselfälle des Schicksals reagiert.

Das Versteckspiel ist ein uraltes Motiv, das vor allem Kindern Freude bereitet: Es kommt ihrem anarchischen Bedürfnis nach Subversion entgegen und steigert entschieden die Spannung, die Lust an der eigenen Angst, womöglich entdeckt und gefunden zu werden. Anne de Vries bedient sich damit eines einfachen Mittels, das uns aus jedem Märchen bekannt ist. Und genau wie im Märchen sind die Fronten deutlich geklärt. Wir wissen genau, wer hier die Guten, wer dagegen die Bösen sind, eine Disposition, der sich auch Anne de Vries nicht entziehen kann. Wie aber lässt sich, jenseits von Gut und Böse, eine Geschichte nacherzählen, die, vom Motor unvermeidbarer Vernichtung angetrieben, für heutige Leser kaum zu verdauen ist?

Denn das Alte Testament ist genauso wenig märchenhaft wie das Märchen selbst, das, was wir gern übersehen, gleichfalls grausam grundiert ist vom wirklichen Leben, auch wenn es immer wieder versucht, die Not seiner Protagonisten durch die Kraft von Wünschen und Wundern zu transformieren. Märchenhaft sind einzig die Mittel, mit denen die Erzählung bis heute darauf aus ist, bleibende Wirkungen zu erzielen, um ihren historischen Gegenstand zu überdauern und damit immer wieder von Neuem zum Gegenstand der Relecture und der Exegese zu werden.

Wer, wie ich, seit Jahren erzählerisch mit historischen Stoffen umgeht, liest die Bibel selbstverständlich anders als jemand, der fachlich kompetent mit ihren Quellen verkehrt. Ich werde von einzelnen Worten und Wendungen, von Namen und Requisiten affiziert, deren Übersetzungen für mich niemals gesichert sind und die mich womöglich gerade deshalb besonders verzaubern und inspirieren. Ich möchte das im Folgenden an zwei Beispielen illustrieren, die mich bei der Lektüre des Buches Josua, und ich spreche hier von einer Lektüre in Gänze, von der ersten bis hin zur letzten Seite, angerührt und beschäftigt haben. Dabei halte ich mich, siehe oben, an die 2016 erschienene Einheitsübersetzung.

Das erste Beispiel meint die immer wiederkehrende Wendung von der „Schärfe des Schwertes", die das Buch Josua förmlich wie ein Mantra durchzieht und dessen Grausamkeit sich der Leser nur dadurch entzieht, dass er, im günstigen Fall, in der Lage ist, sie als pointiertes literarisches Mittel zu lesen, das die Gewalt der Ereignisse nicht detailliert beschreibt, sondern, anstatt sie womöglich auszuschlachten, ihre Imagination bloß formelhaft durch den Text provoziert, zum Beispiel so: „Die Israeliten verfolgten alle Bewohner von Ai auf dem Feld und in der Wüste und töteten sie mit der Schärfe des Schwertes. Dann kehrte ganz Israel nach Ai zurück und schlug es mit der Schärfe des Schwertes." (Jos 8,24) Und wenig später: „Am gleichen Tag nahm Josua Makkeda ein und schlug seine Bewohner und seinen König mit der Schärfe des Schwertes. Er weihte sie und alle, die darin waren, dem Untergang und ließ niemanden entkommen." (Jos 10,28) Und: „Man erschlug alle, die darin waren, mit der Schärfe des Schwertes und weihte sie dem Untergang. Niemand überlebte und Hazor wurde verbrannt." (Jos 11,11)

So geht das Vernichtungswerk fort von Strophe zu Strophe. Literarisch betrachtet handelt es sich also gar nicht um eine handlungsorientierte Erzählung, sondern um eine listenhafte Ansammlung von Informationen, die den Gang der Dinge alternativlos festschreibt. Schließlich ist das Alte Testament kein Ritterroman, der sich, wie wir es beispielsweise (um hier einen der prominentesten Texte zu nennen) aus den *Nibelungen* kennen, in seinem finalen Gemetzel ohne metaphysische Grundierung voyeuristisch in der Beschreibung von Schlachten und Blutbädern ergeht, indem er uns erzählerisch vorführt, was scheinbar wirklich passiert, wenn tatsächlich getötet wird; ganz im Gegenteil schrumpft das Buch Josua die notwendige Tat auf die notwendige Formel zusammen, die zum bildstarken Code einer Entschiedenheit wird, die weder Alternative noch Widerspruch duldet und sich darum auch nicht in die moralische Waagschale werfen lässt.

Jeder Chronist weiß davon ein Lied zu singen; denn seine Aufgabe ist immer parteiisch, er verhandelt grundsätzlich einen Tatbestand, mit dem er eine politische Absicht verbindet, selbst wenn er ihn, wie in der Kinderbibel, durch seine Interpretation womöglich freundlich zu moderieren versucht.

Hier drängt sich ein Exkurs über die das Buch Josua einleitenden Worte der Einheitsübersetzung auf. Dort heißt es nämlich: „Das Buch Josua ist keine historische Darstellung der Anfänge Israels, noch weniger die religiöse Rechtfertigung einer kriegerischen Inbesitznahme fremden Landes. Die erzählten Ereignisse in der literarischen Darstellung des Buches stehen unter dem theologisch bedeutsamen Namen Josua, der jüdische und christliche Leser an den unvergleichlichen Rettergott erinnert, an den sie glauben. Denn der Name Josua ist die hebräische Form des Namen Jesus. So steht der Heilsname des Neuen Testaments und des Christentums in der biblischen Tradition der alttestamentlichen Rettergestalt Josua, um anzuzeigen, dass Israel und sein Land Urbild und Sinnbild des Gottesreichs auf Erden ist und bleibt."

Jenseits der Mission der Herausgeber stellt sich hier eine ganze andere Frage: Kann ein Kommentar, aus welcher Feder auch immer, die Energie eines Textes moderieren, um seine Leser günstig zu stimmen? Es bleibt am Ende der Text, der den Leser durch die Kraft seiner Formeln regiert, wie sich an einer weiteren Wendung illustrieren lässt, die mich bei der Lektüre immer wieder eingeholt hat: „Als alle Könige der Amoriter, die in der Gegend westlich des Jordan wohnten, und alle Könige der Kanaaniter, die in der Gegend am Meer waren, hörten, dass der Herr die Wasser des Jordan vor den Israeliten hatte austrocknen lassen, bis sie hindurchgezogen waren, da sank ihnen das Herz, und vor den Israeliten verschlug es ihnen den Atem." (Jos 5,1)

Es sind die *zerschmolzenen Herzen*, die man in der unreflektierten Geschichte der Poesie bis heute als Zeichen der Zuneigung zu lesen geneigt ist, die mich bei der Lektüre

45

des Buches Josua besonders berühren, denn hier meinen sie weder Zuneigung noch Liebe, sondern die effektive Zersetzung der Kampfkraft, die das vitale Zentrum des Menschen betrifft. Wer mit Texten des Mittelalters vertraut ist, kennt sich mit Schwertern und Herzen aus und hat immerhin eine Ahnung davon, was es heißt, von *beherztem Handeln* zu sprechen.

Doch die zerschmolzenen Herzen im *Buch Josua* sind keine Metapher, die die abstrakte Romantik literarischer Liebe vorwegnimmt. Sie meinen, konkret, die Überwindung des Gegners, die die Kraft seines Herzens entschieden lahmlegt, indem sie sie schmilzt, mit anderen Worten, zu Wasser macht und ihn damit, ihm günstigsten Fall, nicht zum Opfer, sondern zum Überläufer.

Das biblische Herz ist nicht Sitz des Gefühls, sondern Sitz der Kraft der Vernunft, es ist jener Ort, an dem sich entscheidet, was in Zukunft entscheidend sein wird, was man in seinem Herzen bewahrt. Genau wie das viel zitierte *Banngut*, „alles Silber und alles Gold, alles Gerät aus Bronze und Eisen soll dem Herrn geweiht werden und in den Schatz des Herrn kommen." (Jos 6,19) Denn jenseits des Herzens wird, genau wie im Märchen, auch der Mensch in der Bibel nicht allein vom Gesetz, sondern von ganz persönlichen irdischen Wünschen regiert, von jenem einfachen Wunsch, das Gebot, das Tabu zu brechen; wie im Buch Josua ein gewisser Achan, an den sich vermutlich keiner erinnert, weil heute niemand mehr weiß, was mit Banngut tatsächlich gemeint ist: „Waffen und bewaffnete Fahrzeuge sowie deren Einzelteile und Munition, aber auch andere zur Kriegsführung bestimmte Geräte, so zum Beispiel Uniformen, Treibstoffe und Geld." (Artikel „Banngut" – Wikipedia)

Schade, dass dieser Achan, hin- und hergerissen zwischen irdischem und göttlichem Gut, bei Anne de Vries kein Kapitel bekam; denn Achan bringt auf den Punkt, was Menschen und Eroberer bis heute umtreibt: „Als ich unter der Beute einen schönen Mantel aus Schinar, zweihundert Silberschekel und auch einen Goldbarren im Gewicht von fünfzig Schekel sah, da wollte ich sie haben und nahm sie mir. Sie sind in der Erde versteckt mitten in meinem Zelt und das Silber ist darunter." (Jos 7,21) Darauf der unerbittliche Josua: „Warum hast du über uns Unglück gebracht? So bringe der Herr über dich Unglück an diesem Tag! Und ganz Israel steinigte ihn." (Jos 7,25)

Von Steinen ist im Buch Josua übrigens immer wieder die Rede; sie fallen vom Himmel wie tödlicher Regen, während man die größeren Exemplare vor Höhlen rollt, wie im Fall der fünf Könige von Makkeda: „Josua antwortete: Wälzt große Steine an den Eingang der Höhle und stellt Leute auf, um sie zu bewachen. (…) Da sprach Josua: Öffnet den Eingang der Höhle und bringt jene fünf Könige zu mir heraus! Man tat es und brachte jene fünf Könige aus der Höhle zu ihm heraus: den König von Jerusalem, den König von Hebron, den König von Jarmut, den König von Lachisch und den König von Eglon. Als man jene Könige zu ihm gebracht hatte, rief Josua alle Männer Israels und sprach zu den Anführern der Kriegsleute, die ihn be-

47

gleitet hatten: Tretet heran und setzt eueren Fuß auf den Nacken dieser Könige! Sie traten heran und setzten ihren Fuß auf deren Nacken. (…) Danach erschlug sie Josua und ließ sie an fünf Bäumen aufhängen. Dort blieben sie bis zum Abend hängen. Bei Sonnenuntergang nahm man sie auf Josuas Befehl von den Bäumen ab und warf sie in die Höhle, in der sie sich versteckt hatten. Vor den Eingang der Höhle wälzte man große Steine. Dort sind sie noch bis auf diesen Tag." (Jos 10,18.22–24.26 f.)

Das mutet, jenseits aller Gewalt, vom Sprachduktus her geradezu märchenhaft an, weil es uns darauf hinweist, dass die Könige zwar gestorben, doch immerhin nicht verschwunden, sondern immer noch da sind, jenseits scharfer Schwerter und geschmolzener Herzen.

Wie Jesus es mit Schwertern, Höhlen und Schatzsuchern hielt, ist bekannt: „Glaubt nicht, ich sei gekommen, Frieden auf die Erde zu bringen. Ich bin nicht gekommen, Frieden zu bringen, sondern das Schwert." (Mt 10,34) Doch die Aussage bleibt ambivalent, denn: „Sammelt euch nicht Schätze auf der Erde, wo Motte und Wurm sie zerstören und wo Diebe einbrechen und stehlen. Sammelt euch vielmehr Schätze im Himmel, wo weder Motte noch Wurm sie zerstören und wo Diebe nicht einbrechen und stehlen." (Mt 6,19 f.) Eine Rede, die durch die Auferstehung, die den Grabstein für immer zum nostalgischen Requisit macht, eine vollkommen neue Wendung erhält. Der Tod ist besiegt und mit ihm auch der Wunsch nach Besitz von Schätzen und Banngut.

Und wiederum sind es Frauen, die als erste die Kunde davon bringen, „dieselben Frauen", schreibt Anne de Vries in seiner Kinderbibel (AdV 224), „die den Herrn begraben hatten. Sie waren sehr betrübt, denn sie wussten ja nichts anderes, als dass Jesus tot sei! Sie hatten Kräuter gekauft, (...) die so herrlich dufteten. Die wollten sie auf den Leichnam Jesu legen. Als sie aber in den schönen Garten kamen, dachten sie an den Stein, der vor das Grab gerollt war. Sie sagten: ‚Wer wird uns helfen, den schweren Stein wegzurollen?' Plötzlich blieben sie stehen, und ihre Augen wurden groß vor Schreck, denn der Stein war schon weggerollt." (AdV 224) Doch wenig später heißt es: „Sie lachten und jauchzten: ‚Der Herr ist auferstanden!' Aber die Jünger schüttelten traurig den Kopf. ‚Ihr habt geträumt', sagten sie. Sie konnten es nicht glauben." (AdV 226)

Einmal mehr also wird bei Anne de Vries „gelacht" und „gejauchzt", nicht anders als bei der Einnahme der Stadt Jericho. Es ist nicht die Seele, sondern die Kehle, die das Werk der Eroberung wie der Auferstehung tatsächlich voranbringt und damit ihre Vitalität beglaubigt.

Doch jenseits des Neuen Testaments bleibt das Buch Josua ein Magnet, der bis heute anzieht und abstößt, denn es setzt nicht auf Auferstehung, sondern auf Dauer, auf das sprichwörtlich gewordene *biblische Alter*, wenn es im letzten Kapitel heißt: „Nach diesen Begebenheiten starb Josua, der Sohn Nuns, der Knecht des Herrn, im Alter von einhundertzehn Jahren. Man begrub ihn auf dem Gebiet, das er in Timnat-Serach, auf dem Gebirge Efraim, nördlich des

Berges Gaasch, als Erbbesitz erhalten hatte. Israel diente dem Herrn, solange Josua am Leben war und solange die Ältesten am Leben waren, die Josua überlebten und alles wussten, was der Herr für Israel vollbracht hatte. Die Gebeine Josefs, die die Söhne Israels aus Ägypten mitgebracht hatten, begrub man in Sichem auf dem Grundstück, das Jakob von den Söhnen Hamors, des Vaters Sichems, für einhundert Kesita gekauft hatte und das zum Erbbesitz der Söhne Josefs geworden war. Auch Eleasar, der Sohn Aarons, starb und man begrub ihn in Gibea, der Stadt seines Sohnes Pinhas, die man ihm im Gebirge Efraim gegeben hatte." (Jos 24,29–33)

Jesus aber spricht: Lasst die Toten ihre Toten begraben.

IV. Dein Reich komme

In der dänischen Fernsehserie *Die Wege des Herrn* wird rund um die Uhr gepredigt: in Kirchen, auf Podien, in Gemeindehäusern und, natürlich, am Tisch der Familie. Die Hauptfigur, der charismatische Pfarrer Johannes, Sohn einer Pfarrerdynastie mit Tradition, möchte nicht nur die sich zunehmend leerenden Kirchen füllen, sondern nebenbei auch noch Bischof werden. Dafür bringt er die scheinbar besten Eignungen mit: Er ist leidenschaftlich, sieht ziemlich gut aus, er ist intelligent und ehrgeizig, rhetorisch begabt, hat eine ihm treu ergebene Frau und zwei hochbegabte Söhne, die, jeder auf seine eigene Art, wie er auf der Suche nach dem Gottesreich sind. Johannes' Wort ist Gesetz, er duldet alles, nur keinen Widerspruch, denn er ist nicht nur vom Geist Gottes erfüllt, sondern weiß sich von Gott höchstpersönlich berufen. In seiner Familie und Gemeinde ist er selber ein Gott, man liegt ihm zu Füßen, sein Wunsch ist Befehl.

Doch die Karriere läuft schief, denn, dem Gesetz der Serie folgend, wir ahnen es längst, hat die Sache natürlich einen bösen Haken, das Böse selbst, von dem Johannes immer wieder heimgesucht wird: Er betrügt seine Frau, er erdrückt seine Söhne unter einer tückischen Mischung aus Liebe und Anspruch, er kujoniert seine Belegschaft, weil er absolute Gefolgschaft verlangt, und flüchtet sich in regelmäßigen Abständen in den Rausch der totalen Bewusstlosigkeit: Pfarrer Johannes ist ein verzweifelter Trinker, der nur beten kann, wenn er verrät und verlässt und dabei selbst verlässlich verraten ist; nur im Zustand höchster Verzweiflung ist er tatsächlich dazu in der Lage, Kontakt mit seinem Gott aufzunehmen, an den er vermutlich längst nicht mehr glaubt, an dessen Kreuz er aber trotzdem festhalten will, obwohl er sich im Zustand der Ungnade weiß, aus der es, wie wir allzu gut wissen, keinen rhetorischen Ausweg gibt, weshalb er von der rettenden Liebe träumt.

Pfarrer Johannes hat in der skandinavischen Literatur einen berühmten Vorfahren: Pfarrer Gösta Berling, dem Selma Lagerlöf in ihrem Erstlingswerk (*Gösta Berlings saga*, Stockholm 1891) eine unverwechselbare Gestalt gegeben hat: „Endlich stand der Pfarrer auf der Kanzel (...) Der Pfarrer war jung, hochgewachsen, schlank und strahlend schön. Hätte man ihm einen Helm aufs Haupt gesetzt, ihm Schwert und Harnisch gegeben, so hätte man ihn als Modell für den schönsten Athener gebrauchen können. Der Pfarrer hatte die tiefen Augen eines Dichters und das feste, runde Kinn des Feldherrn; alles an ihm war schön, fein und ausdrucksvoll, von Genialität und geistigem Leben durchglüht. Die Leute in der Kirche fühlten sich merkwürdig ergriffen, als sie ihn so sahen. Sie waren mehr gewöhnt, ihn schwankenden Schrittes aus dem Wirtshaus kommen zu sehen. (...) Der Pfarrer hatte so schrecklich getrunken, daß er seit mehreren Wochen sein Amt nicht mehr hatte verwalten können. (...) Jetzt war der Bischof selbst gekommen, um Visitation und Abrechnung zu halten."

Und dieser Pfarrer „wäre gern auf die Knie niedergefallen und hätte sie um Erbarmen angefleht. Aber im nächsten Augenblick überkam ihn ein dumpfer Zorn. (...) Jawohl, er trank. Aber wer hatte ein Recht, ihn deswegen anzuklagen? (...) Nein, er, der Pfarrer hier oben auf der Kanzel, er wußte, daß man in diesem Teil des Landes ohne Branntwein nicht leben konnte, alle seine Zuhörer wußten es, und jetzt wollten sie zu Gericht über ihn sitzen. (...) Wollten die sich denn einbilden, daß sie einen anderen Gott hätten als den Branntwein? Er hatte das Eingangsgebet gesprochen und beugte sich jetzt nieder, um das stille Vaterunser zu beten." Und „während er betend auf den Knien lag, (...) trat ihm der kalte Schweiß auf die Stirn. (...) Er sollte ein Bettler auf den Landstraßen werden, betrunken am Grabenrand liegen, in Lumpen umhergehen, sich zu den Landstreichern halten? Das Gebet war zu Ende. Jetzt sollte er predigen."

Gösta Berling ist, mit Abstand, mein Lieblingsbuch. Und für den Fall, es gäbe Lieblingsgebete, wäre sein Vaterunser ohne Zweifel mein Lieblingsgebet. Aber es gibt keine Lieblingsgebete, so wenig, wie es einen lieben Gott geben kann; jedes Gebet, selbst das stille Stoßgebet Gösta Berlings, bleibt von menschlichen Fragen und Zweifeln umzingelt. Im Vaterunser, so formelhaft bekannt und beruhigend es klingt, kehrt weder Beruhigung noch Ruhe ein:

Man bleibt an jeder einzelnen Zeile hängen, obwohl sie bereits in die nächste drängt, weil keine ohne die andere lebt, sondern jede von der, die vor ihr war und die nach ihr kommt.

Denn sie sind unverzichtbar miteinander verbunden, weshalb wir über jede einzelne stolpern: Wir stolpern bereits über den Vater im Himmel und über seinen geheiligten Namen; von seinem kommenden Reich erst gar nicht zu reden, in dem ein Wille geschieht, von dem wir auf Erden nicht besonders viel wissen, weil wir auf Brot und Bischof fixiert sind. Ganz zu schweigen von unserer Schuld und dem Wunsch nach Vergebung, dem seit je die Versuchung im Wege steht, andauernd verlässlich das Böse zu tun, von dem wir uns nicht selbst erlösen können.

Was bleibt, ist die Sehnsucht nach Gegenüber, nach etwas, das uns entgegenkommt, das schöner und größer ist als wir selbst, aber nur kommt, wenn wir uns darauf zubewegen. Das erfordert, neben Ausdauer, Geduld und Vertrauen, Glaube, Hoffnung und Liebe. Große Worte, die auch von Schriftstellern nicht zu füllen sind. Das Reich Gottes, sagte unser irdischer Vater, wenn wir ihn gelegentlich danach fragten, wobei wir selbstverständlich von Pomp und Posaunen träumten, kommt eben einfach, oder es kommt eben nicht, ganz danach, was ihr selbst dafür tut, aber ihr müsst euch schon etwas Mühe geben. Wir gaben uns Mühe, aber genau genommen taten wir wenig und meistens vermutlich eher das Böse.

Aber mein Vater tat alles, um uns vom Guten zu überzeugen. Zu diesem Zweck las er uns Geschichten vor,

Geschichten, von denen er glaubte, sie würden uns auf einfache Weise das Reich Gottes und seiner Heiligen näherbringen. Dabei nahmen Legenden, Sagen und Märchen einen besonderen Platz ein; das Märchen als Vorhof des Paradieses, in dem man ohne theologische Um- und Irrwege lernt, wie sich das Reich Gottes auf Erden befördern lässt, weil das Märchen, jenseits von Herkunft und Stand, ohne Ansehen von Schönheit, Begabung und Fleiß, ohne analytischen Ehrgeiz und Expertise die Guten belohnt und die Bösen bestraft, sofern man nur an das Gute glaubt, allem voran an die eigene Stimme, mit der man in einem dunklen Wald voller menschlicher Räuber Lieder singt, die uns Mut zusprechen und die uns glauben machen, dass es im Zweifelsfall reicht, seine Schürze in Richtung Himmel zu öffnen, um belohnt aus der Geschichte hervorzugehen.

Doch Märchen sind alles andere als harmlos, kein Schatz, der einfach zu heben ist; jedes einzelne inszeniert auf mal zauberhafte, mal grausame Weise sein eigenes Jüngstes Gericht. Trotzdem setzen wir, drei Schwestern, zwei Brüder, bis heute auf die Kraft und die Macht der Verwandlung, in anderen Worten auf ein kommendes Reich, in dem die Rechnungen zwischen Diesseits und Jenseits unwiderruflich beglichen werden. Denn so belastet der Begriff des Reiches bis heute auch ist, wenn von irdischen Reichen die Rede ist, deren Grenzen nur mit Macht zu verteidigen sind und deren Verteidigung bis heute unaufhörlich Mord und Totschlag befördert – unser eigenes Reich ist magisch und phantastisch geblieben wie das Märchenreich hinter den sieben Bergen, das wir nie mit eigenen Augen gesehen haben.

Denn die Reiche des Märchens sind unbestimmt, ihr Territorium ist ohne Begrenzung, Zeit und Raum haben jede Bedeutung verloren, ihre Könige tragen keine Namen; und wenn sie nicht gestorben sind, dann leben sie bekanntlich noch heute, in anderen Worten: Sie sind entrückt und höchst gegenwärtig zugleich, wie die Ewigkeit selbst, denn ihre Reiche sind genauso wenig von dieser Welt wie das Reich des berühmten Königs Artus, an dessen rundem Tisch, in Nachahmung des letzten Abendmahls, bekanntlich nur die Besten der Besten sitzen.

Aber wie kommt man an diesen runden Tisch, wie wird man ein Ritter der Tafelrunde? Der Weg in die Reiche von Glück und Glanz ist bekanntlich mit Herausforderungen und Abenteuern gepflastert. Abenteuer – was ist das? Das Abenteuer, die Avventure, ist nicht planbar, sondern höchst unwägbar, es lebt weit weniger von dem, was wir erwarten und suchen, als von dem, was uns tatsächlich entgegenkommt und ist, neben der Angst vor der großen Gefahr, grundsätzlich vom Glauben an Wunder und Ankunft grundiert: Abenteuer – das ist der Advent, die Ankunft von Königen und von Kaisern, mit denen wir nicht mehr gerechnet haben.

In den *Gesta Romanorum*, einer Sammlung mehr oder weniger erbaulicher Geschichten aus dem vierzehnten Jahrhundert, ist die Rede „von einem gewissen Manne namens Ganterus, der sich immer Vergnügungen und Freuden ohne

Ende wünschte; der stand eines Morgens in der Frühe auf und spazierte auf der Heerstraße, bis er an ein Land kam, in welchem der König erst neulich gestorben war. Die Fürsten des Reiches, als sie ihn so mannhaft sahen, erwählten ihn zu ihrem Könige, und er freute sich über seine Wahl. Wie aber die Nacht kam, da führten ihn die Seinigen in ein Gemach, in welchem er einen grimmigen Löwen am Kopfende seines Bettes erblickte, am Fußende einen Drachen, an der rechten Seite aber einen Bären und auf der anderen Seite Schlangen und Kröten. Da sprach Ganterus: ‚Was soll das denn heißen? Muss ich denn in diesem Bette, bei diesen Bestien schlafen?‘ Jene aber antworteten: ‚Freilich, Herr, denn alle Könige vor dir haben in diesem Bette gelegen und sind von diesen Tieren gefressen worden.‘“

Diese Aussicht gefällt Ganterus wenig, er schlägt die Königswürde aus, zieht weiter und kommt in ein anderes Land, in dem man ihm gleichfalls die Krone anträgt, doch auch die schlägt er aus, da er sich, um sie zu erringen, in ein Bett voller Schermesser legen soll. Er zieht es vor, einfach weiterzuwandern, und trifft auf seinem Weg einen Greis, der mit einem Stock in der Hand an einer Quelle sitzt. Der Greis befragt den machtscheuen Wanderer nach seinem Woher und Wohin und erhält von Ganterus die folgende Antwort:

„„Ich suche drei Dinge und kann sie nicht finden. (...) Erstlich Überfluss ohne Mangel, zweitens Freude ohne Leid, drittens Licht (...) ohne Finsternis.‘ Da sprach der Greis: ‚Nimm diesen Stab und gehe immer auf dieser Straße fort: Du wirst bald einen Berg vor dir erblicken, und am

Fuße dieses Berges steht eine Leiter, welche sechs Sprossen hat: diese steige hinan, wenn du aber auf die sechste Sprosse gekommen sein wirst, wirst du auf dem Gipfel des Berges eines sehr schönen Palastes gewahr werden. An die Pforte desselben tue drei Schläge, und der Pförtner wird dir antworten. Dann zeige ihm deinen Stab und sprich: »Derjenige, welcher der Eigentümer dieses Stabes ist, befiehlt dir hiermit, dass du mich hineingehen lässt.« Wenn du aber darinnen sein wirst, wirst du alles jenes Dreies finden, was du suchest.' Jener aber erfüllte alles, wie es ihm der Alte gesagt hatte; und wie der Türhüter den Stab sah, ließ er ihn hinein, und da fand er alles Dreies und mehr noch, und blieb sein ganzes Leben daselbst."

Die Geschichte ist märchenhaft und verwirrend: Wer ist dieser seltsame Ganterus, der sich dem irdischen Königtum so entschieden wie scheinbar naiv entzieht und so mühelos in den fernen Palast entkommt? Warum stellt er sich nicht der Herausforderung, warum verzichtet er darauf, einfach sein Schwert zu ziehen, um nach altbekannter Rittermanier Drachen und Bären zu erschlagen, warum tritt er nicht gegen Schlangen und Kröten an, sondern zieht es vor, einfach weiterzuwandern? Womit hat er sich seine Belohnung verdient? Haben wir es womöglich mit einem Feigling zu tun, der sich bloß vor ein paar Schermessern fürchtet? Oder, weit schlimmer, mit einem vergnügungssüchtigen Müßiggänger?

Und was hat es mit diesem Palast auf sich? Ist das der Gipfel der menschlichen Wünsche, das Paradies, der Himmel, die Ewigkeit? Oder nur das, was der unbekannte Erzähler in seiner Phantasie dafür hält? Nicht weniger geheimnisvoll ist der alte Mann an der Quelle, der dem Wanderer seinen Stab überlässt; ganz zu schweigen von jenem Türhüter, der Ganterus über die Schwelle lässt, ohne ihn nach seiner Eignung zu fragen. Es ist, wohlgemerkt, weder ein Zauberwort noch eine Erklärung, sondern ein Gegenstand, ein Requisit, der einfache Stab, der Ganterus auf der sechsten Sprosse, kurz vor dem Gipfel des Berges, den Eintritt ins Reich Gottes verschafft. Was für ein Gesetz herrscht in diesem Text, in dem von Prüfung und Gericht keine Rede ist?

Der Text illustriert auf anschauliche Weise, dass das Reich Gottes seit Menschengedenken von Legenden und Märchen umzingelt ist, von denen wir nicht sicher sein können, ob sie den Blick auf das „Kommende" tatsächlich erhellen oder ob sie ihn nicht eher verstellen. In der Literatur aller Zeiten wimmelt es von Paradiesutopien, an denen die Bilder der Bibel bis heute ihren lebendigen, lebhaften Anteil haben. Sobald vom Reich Gottes die Rede ist, geht es auf den ersten Blick immer scheinbar märchenhaft zu: „Wolf und Lamm werden beieinander weiden, der Löwe wird Stroh fressen wie das Rind [und Staub wird die Speise der Schlange sein]. Nicht werden sie Schaden und Unheil stiften auf meinem ganzen heiligen Berg, spricht der Herr." (Jes 65,25)

Bei Äsop hörte sich das noch etwas anders an: „Ein Lämmchen löschte an einem Bache seinen Durst. Fern von ihm, aber näher der Quelle, tat ein Wolf das gleiche. Kaum erblickte er das Lämmchen, so schrie er: ‚Warum trübst du mir das Wasser, das ich trinken will?‘ ‚Wie wäre das möglich‘, erwiderte schüchtern das Lämmchen, ‚ich stehe hier unten und du so weit oben; das Wasser fließt ja von dir zu mir; glaube mir, es kam mir nie in den Sinn, dir etwas Böses zu tun!‘“ Darauf der Wolf: „Ei, sieh doch! Du machst es gerade, wie dein Vater vor sechs Monaten; ich erinnere mich noch sehr wohl, daß auch du dabei warst, aber glücklich entkamst, als ich ihm für sein Schmähen das Fell abzog!“ „Ach, Herr!“, fleht das zitternde Lämmchen, „ich bin ja erst vier Wochen alt und kannte meinen Vater gar nicht, so lange ist er schon tot; wie soll ich denn für ihn büßen.“ Der Wolf fletscht die Zähne: „Tot oder nicht tot, weiß ich doch, daß euer ganzes Geschlecht mich hasset, und dafür muß ich mich rächen.“ Also zerreißt er das Lämmchen und verschlingt es.

In beiden Geschichten tritt uns in fabelhafter Weise die menschliche Wirklichkeit entgegen; doch während die Äsop'sche Welt, wie alle Fabeln, von der realen Erfahrung des Menschen grundiert ist, von Rachedurst und von Sippenhaft, vom altbekannten Kampf zwischen den Starken und Schwachen, aus dem der Starke (und wenn er nicht, dann in der Regel der Schlaue) als Sieger hervorgeht (worauf der Erzähler mit zynischer Vernunft reagiert), tritt in der biblischen Variante das Wünschen in Kraft, jene herrliche menschliche Vorstellungskraft, die die reale Erfahrung wenigstens kurzfristig zu überschreiten versucht und damit Möglichkeitsräume betritt, die nur auf den ersten Blick utopisch erscheinen.

Denn sobald wir hinter die Bilder sehen, geht es nicht um den Entwurf einer neuen Welt, sondern, weit schlichter und schwieriger, um einen anderen Umgang mit der bereits vorhandenen Welt, der eine andere Form des Sehens voraussetzt und eine andere Form des Handelns. Die neue Welt ist nämlich keine andere Welt, so wie auch der neue Mensch kein anderer Mensch ist, sondern einer, der sich entschieden hat, in genau dieser Welt entschieden anders zu handeln, weil er das Ziel seines Lebens anders begreift. Er nimmt das, was ist, nicht für bare Münze, sondern ist auf eine andere Währung aus.

Grammatikalisch gesprochen: Er lebt nicht im Indikativ, sondern im Konjunktiv, nicht in der Wirklichkeits-, sondern in der Möglichkeitsrede, die allerdings nicht vom Unmöglichen spricht, sondern von der neuen Wahrnehmung einer uralten Welt. Aber bereits meine Rede von Münze und Ziel führt auf den klassischen Holzweg falscher Bilder – denn das Reich Gottes ist weder ein Märchenland noch ein Geschäftsmodell, sondern von der Möglichkeit der Umkehr bestimmt, die in erster Linie die Umkehrung der Sichtweise und des Begreifens meint.

Davon zu erzählen, ist allerdings schwierig, denn die Erzählung vom Leben ist an die Währung menschlicher Zeit gebunden, an Vergangenheit, Gegenwart und Zukunft. Es ist die Zeit im Raum, die unsere Vorstellung von der Welt modelliert und unser Handeln und Tun bestimmt: eine Vergangenheit, die wir bewältigen müssen, eine Gegenwart, die wir gestalten sollen, und eine Zukunft, in der wir endlich unseren Lohn, sprich die Ernte unserer Leistungen einfahren wollen. Dass diese Rechnung nicht aufgeht, versteht sich von selbst. Denn selbst da, wo die Erzählung ihr Vergnügen daran findet, über die Erzählung der Fakten hinauszuwachsen und bessere Welten zu imaginieren, geht sie davon aus, dass wir das Beste angeblich noch vor uns haben: Überfluss ohne Mangel, Freude ohne Leid und Licht ohne Finsternis. Davon erzählt seit jeher das Märchen, das unsere Träume von einer besseren Welt auf magische Weise immerhin kurzfristig realisiert.

Aber was im Märchen nicht mehr als ein Rätsel ist, das sich mit etwas Geschick und Sportsgeist am Ende immer irgendwie lösen lässt, um unseren Kopf aus der Schlinge zu ziehen, bleibt in der Bibel nach wie vor ein Geheimnis, das sich weder magisch beschwören noch aufdecken lässt. Selbst wenn ein Kamel durch ein Nadelöhr kommt, kann ein Reicher doch nicht ins Himmelreich kommen. Denn obwohl – oder gerade weil – sein Reich nun mal nicht von dieser Welt ist, ist Jesus alles andere als ein Märchenerzähler; was bekanntlich für große Verwirrung sorgt, wenn Pilatus ihn fragt: „Also bist du doch ein König? Jesus antwortete: Du sagst es: Ich bin ein König. Ich bin dazu geboren und dazu in die Welt gekommen, um für die Wahrheit Zeugnis abzulegen." (Mt 18,37)

„Was ist Wahrheit?" (Mt 18,38), fragt Pilatus. Während Jesus bekanntlich schweigt, schreibt der Schriftsteller Karl Kraus: „Eine Notlüge ist immer verzeihlich", um, noch bevor womöglich eine Ahnung von Trost aufkommen könnte, so menschlich wie boshaft hinzuzusetzen: „Wer aber ohne Zwang die Wahrheit sagt, verdient keine Nachsicht." Denn sobald es um nichts als die Wahrheit geht, wird die Luft zwischen Literatur und Religion ziemlich dünn; an der Baumgrenze wird das Atmen bekanntlich mühsam, der Aufstieg setzt einen starken Glauben voraus. Und der Abstieg bekanntlich nicht weniger; Pfarrer Johannes kann ein Lied davon singen.

Was Jesus wirklich (tatsächlich) gesagt hat, wissen wir nicht, es bleibt unserer Spekulation vorbehalten. Wir bleiben angewiesen auf Botenberichte, die uns bis heute glauben machen, dass er sich beim Sprechen sprechender Bilder und Vergleiche bediente, die man bis heute in der Regel als Gleichnis bezeichnet. Doch weisen uns die vier Besten der Besten, die vier Evangelisten, gelegentlich darauf hin, dass Jesus seine Gleichnisse am Ende für Krücken und Notnägel hielt, in anderen Worten für Geschichten und Bilder, deren wir im Reich Gottes vermutlich nicht mehr bedürfen. Auf ihre Frage, warum er zu ihnen in Gleichnissen rede, antwortet Jesus: „Euch ist es gegeben, die Geheimnisse des Himmelreichs zu verstehen, jenen aber ist es nicht gegeben. Denn dem, der hat, wird gegeben, und er wird Überfluss haben. Wer aber nicht hat, dem wird auch das genommen, was er hat. Deshalb rede ich zu ihnen in Gleichnissen, weil sie sehen und doch nicht sehen und hören und doch nicht hören und nichts verstehen." (Mt 13,11–13)

Keine gute Nachricht für Künstler, die bekanntlich von Geschichten und Gleichnissen leben und in den Dom zu Münster geladen sind, um unberufen vom Reich Gottes zu sprechen! Denn sobald man das Reich Gottes tatsächlich für mehr als ein Märchen hält, lässt es sich erzählend bereits nicht mehr fassen; jede Erzählung vom menschlichen Leben ist räumlich und zeitlich befangen, sie ist nicht auf Ruhe, sondern auf Rache und auf Vergeltung aus, in milderen Fällen auf Wiedergutmachung; selbst da, wo sie vermeintlich nach Frieden sucht, kann sie vom Bösen nicht schweigen; sie ist unablässig dazu gezwungen, von einer Wirklichkeit Zeugnis zu geben, die mit dem Reich Gottes niemals zur Deckung kommt.

Offenbar ist das Reich Gottes bis heute auf Dolmetscher angewiesen, wie auf meinen Vater, den Märchenerzähler, der allerdings sehr genau weiß, dass wir uns nicht auf Märchen herausreden können, sondern dass wir dazu berufen sind, die alte Märchenformel aus der Vergangenheit in die Zukunft zu übersetzen, und dass wir endlich damit anfangen müssen, nicht mehr von dem zu sprechen, was einmal war, sondern von dem, was sein wird oder zumindest sein könnte. Doch wie lässt sich von etwas sprechen, wovon man nichts weiß, sondern woran man nur glauben kann?

Wovon man nicht sprechen kann, soll man bekanntlich schweigen. Doch wessen Herz voll ist, dem geht der Mund über. Das betrifft auch die Zweifel, von denen jeder Glaube grundiert ist: Was, wenn es auch dort, im viel beschworenen kommenden Reich wider Erwarten von Bestien und von Schermessern wimmelt, von Macht und Gewalt, von lautem Heulen und Zähneknirschen? Von selbst ernannten Königen und falschen Propheten, von Märchenerzählern

IV. Dein Reich komme

und Geistesgauklern, deren Reiche immer noch territorial definiert sind; und von unberufenen Schriftstellern, die Sonntagspredigten halten?

Vielleicht haben wir, genau wie Pfarrer Johannes, einfach viel zu lange davon gesprochen und viel zu oft davon erzählt, viel zu klug und viel zu beredt, zu intelligent und exegetisch so ausgeklügelt, dass wir tatsächlich nicht mehr in der Lage sind, es uns wirklich ganz einfach vorzustellen: dieses Reich Gottes, das angeblich kommt und dann doch nicht kommt, jenen herrlichen Garten, in dem Löwen und Wölfe zwischen Lämmern schlafen, in dem verlorene Schafe gerettet werden, wo die Hungrigen satt und die Nackten endlich gekleidet sein werden. Kann aber auch sein, wir haben uns in den Schafen und Lämmern getäuscht, in unserer menschlichen Vorstellung von ihrer rührenden Unschuld.

Womöglich haben wir uns in fast allem getäuscht, allem voran in den Geschichten und Bildern, die uns immer wieder von vorn weismachen wollen, dass das Reich Gottes nur dann wirklich kommt, solange sich davon erzählen lässt? Kann es nicht sein, dass die Erzählung selbst dem Glauben im Wege steht, dass sie uns daran hindert, endlich zur Sache zu kommen? Kann es nicht sein, dass sogar Jesus am Ende von seinen eigenen Gleichnissen so ermüdet war, dass er längst davon träumte, wenigstens kurzfristig endlich den Mund zu halten und nicht mehr vom Reich seines Vaters zu sprechen?

Stellen wir uns, einen kurzen Moment lang, Jesus als Simultandolmetscher vor, als den Stardolmetscher zwischen

Himmel und Erde, der unter Kopfhörern in einer Kabine sitzt, unermüdlich Gleichnisse produziert und sich dabei keine Sekunde erlauben darf, unkonzentriert oder müde zu werden, weil es, natürlich, wie immer ums Ganze geht, um das kommende Reich. Aber von welchem Reich und welcher Wahrheit ist hier die Rede? Wollen wir wirklich, dass SEIN Reich kommt? Wollen wir tatsächlich, dass SEIN Wille geschieht? Wollen wir, dass die Erde sich in einen Himmel verwandelt, in dem von Schermessern keine Rede mehr ist? Wollen wir Überfluss ohne Mangel, Freude ohne Leid und Licht ohne Finsternis? Wollen wir Vergebung und die Erlösung von einer Schuld, die sich, mit etwas gutem Willen, womöglich bereits im Diesseits abtragen lässt, in anderen Worten: Warum setzen wir auf das Jüngste Gericht?

In *Franny und Zooey* setzt der amerikanische Schriftsteller J. D. Salinger allem voran auf die Macht des Schweigens, wenn er über Jesus das Folgende sagt: „Mein Gott! (...) Wem ist er nicht haushoch überlegen? Beide Testamente sind voll von Pundits, Propheten, Schülern, Lieblingssöhnen, voll von Salomons, Isaias Davids und Pauls – aber, mein Gott, wer außer Jesus wußte wirklich, worum es ging? Keiner. Kein einziger. Auch nicht Moses. Hör mir auf mit Moses. Er war ein netter Mann und hielt guten Kontakt mit seinem Gott, und so weiter – aber das ist genau der Haken. Er mußte Kontakt halten. Jesus wußte, daß es keine Trennung von Gott gibt."

Und er fährt fort: „Wer sonst hätte etwa den Mund gehalten, als Pilatus um eine Erklärung bat? Salomon bestimmt nicht. (...) Salomon hätte bei dieser Gelegenheit ein paar markige Worte von sich gegeben. Übrigens – was das angeht – Sokrates wahrscheinlich auch. Kritias, oder irgendeiner, hätte es fertig gebracht, Pilatus lange genug beiseite zu nehmen, um ein paar wohlgewählte Worte ins Protokoll zu bekommen. Aber das Wichtigste ist, wichtiger als alles andere –, wer in der Bibel außer Jesus wußte – *wußte* –, daß wir das himmlische Königreich in uns tragen, *im Innern*, wohin wir nie blicken, weil wir so verflucht dumm und sentimental und phantasielos sind? Man muß eben ein *Sohn* Gottes sein, um dieses Zeug zu wissen. "

Aber wer will „dieses Zeug" wirklich wissen? Wahrscheinlich nicht einmal Franny, der nach der exaltierten Rede ihres älteren Bruders kurzfristig der Atem stockt „Sie hielt aber weiter den Hörer ans Ohr. Natürlich folgte, nachdem die Verbindung ordnungsgemäß unterbrochen war, das amtliche Tuten. Franny schien es außerordentlich schön zu finden, ihm zu lauschen, fast als wäre es der einzig mögliche Ersatz für jenes Urschweigen, das am Anfang aller Dinge stand. (...) als sie den Hörer auflegte, schien sie genau zu wissen, was sie zu tun hatte."

Im Anfang war weder das Wort noch ein Telefon, sondern die große Stille, das Schweigen. Doch machen wir uns nichts vor. Das Telefon ist die tröstlichste Erfindung von allen; denn nicht anders als Mose sind wir nach wie vor darauf angewiesen, Kontakt zu halten. In der kleinen Stadt Osuchi im Norden Japans, die von einem Erdbeben der Stärke 9 heimgesucht und von dem darauffolgenden Tsunami fast völlig zerstört wurde, gibt es sogar ein *Telefon des Windes*, mit dem man bis heute die Verstorbenen anrufen kann, selbst dann, wenn sie nicht mehr abheben können.

Solange wir in einer Welt unterwegs sind, in der es um Tod, um Verluste und Hunger geht, um die niemals zu stillende Sehnsucht nach Liebe und Licht, werden die Menschen nicht müde, davon zu erzählen, unter welcher Nummer auch immer. Denn der menschliche Hunger ist eine Erfahrung, die nicht nur in der Bibel und in jedem Märchen, sondern seit Menschengedenken in allen Geschichten verhandelt wird. Und er ist die Grundlage für jedes Gebet, in dem es den Menschen nicht nach Schönheit und Erkenntnis verlangt, sondern nach Beistand und Brot. Was Wunder, dass in einem russischen Märchen auf die Frage danach, was Schönheit sei, ein Soldat die entschiedene Antwort gibt: „Das Brot, sagt der Soldat, ist die Schönheit."

„Falsch, Kamerad", erwidert der Erzähler, „*Schönheit, das ist das Feuer.*" Doch der Soldat irrt nur zur Hälfte, denn sind Feuer und Brot nicht in Wahrheit dasselbe? Brot wird im Feuer gebacken, weshalb das Brot zwar nichts ohne Feuer ist, aber das Feuer auch nichts ohne Brot, weil kein Element ohne das andere sein kann; so wie es keine Kunst um der Kunst willen gibt und keine Zeile im Vaterunser, die sich nicht von der nächsten ernährt.

So stelle ich mir das Reich Gottes vor: Ein Telefon und ein Butterbrot! Die märchenhafte Verheißung von Wärme und

Licht, von Nahrung mit Aussicht auf Sättigung, die über das tägliche Brot allerdings weit hinausgeht, weil sie, „im Affekt des Staunens und Entzückens aufgeht", schreibt der russische Märchenforscher Andrej Sinjawskij. Und er fährt fort: „Jede Religion reicht in diesem Punkt dem Märchen die Hand, und die Mystik spricht die Sprache der Liebe und Poesie. (...) Der Anschauende wird selbst die Anschauung – und die Anschauung der, der angeschaut wird." So wie es im ersten Korintherbrief heißt: „Jetzt sehen wir in einem Spiegel alles rätselhaft, dann aber von Angesicht zu Angesicht. Jetzt erkenne ich stückweise, dann aber werde ich ganz erkennen, so wie auch ich ganz erkannt worden bin." (1. Kor 13,12)

In seinem Buch *Gott ist nicht nett* schreibt Heiner Wilmer, dass es beim Jüngsten Gericht womöglich nicht anders sei als nach einer Theateraufführung: „Der Vorhang fällt, das Theaterstück ist vorbei." Dabei zitiert er, wie folgt, Josef Ratzinger: „Der Mensch tritt in seinem Sterben heraus in die unverdeckte Wirklichkeit und Wahrheit. Er nimmt den Platz ein, der ihm der Wahrheit nach zukommt. Das Maskenspiel des Lebens, die Zuflucht hinter Positionen und Fiktionen ist vorbei. Der Mensch ist das, was er in Wahrheit ist. In diesem Wegfallen der Masken (...) besteht das Gericht."

Vermutlich träumen wir alle davon, unsere Masken endlich fallen zu lassen, doch die Furcht davor ist bis heute groß, denn jede Maske ist ein Schutz vor Gott und den Menschen. In Becketts berühmtem Stück *Warten auf Godot* fragt der Landstreicher Wladimir den Landstreicher

Estragon: „Hast du die Bibel gelesen?" Und Estragon antwortet: „Möglich. Ich erinnere mich an die Karten vom Heiligen Land. Bunte Karten. Sehr schön. (...) Ich sage mir, da werden wir unsere Flitterwochen verbringen. Wir werden schwimmen. Wir werden glücklich sein." Darauf Wladimir: „Du hättest ein Dichter werden sollen."

Doch Wladimir ist kein Dichter, sondern ein Exeget. Er spricht von der Kreuzigung des Erlösers, allem voran von jenen zwei Dieben, die mit Jesus gekreuzigt wurden, von denen der eine erlöst, der andere aber verdammt worden sei. Und fragt: „Wie ist es möglich, dass nur einer von den vier Evangelisten die Dinge so darstellt? Sie waren doch alle vier dabei – jedenfalls nicht weit weg. Und nur einer spricht von einem erlösten Schächer. (...) Von den drei anderen sagen zwei gar nichts darüber, und der dritte sagt, dass beide ihn beschimpft hätten." „Wen", fragt Estragon. „Den Erlöser", sagt Wladimir, „weil er sie nicht erlösen wollte."

Zwei Penner, die Theologie betreiben! Ihr Thema kann gar nicht groß genug sein, es geht um die Erlösung vom Bösen, für den Fall, dass der Erlöser uns überhaupt mitnimmt. Denn welcher Räuber und Schächer darf von sich behaupten, schon morgen im Reich Gottes zu sein? Doch in Wahrheit geht es in diesem Stück um die Tugend des Wartens, in anderen Worten um die Tugend der Hoffnung, die nicht auf Anspruch, sondern Erkenntnis aus ist. Sie ist die Grundtugend des Vaterunser-Gebets. Denn das Reich Gottes ist auf Geduld angewiesen, auf Ausdauer und auf Aufmerksamkeit, auf Vertrauen, Hoffnung und Vorstellungskraft. Denn ist es nicht denkbar, dass Wladimir und Estragon sich nur deshalb nicht von der Stelle rühren, weil sie wissen, dass Godot nur deshalb nicht kommt, weil er die ganze Zeit schon da ist? Denn wo zwei oder drei – in diesem Fall zwei – in seinem Namen versammelt sind, da ist er mitten unter ihnen, auch wenn der Zustand der Welt sich nicht gut anfühlt: Mangel ohne Überfluss, Leid ohne Freude und Finsternis ohne Licht.

Doch was nicht ist, kann noch werden: Vater unser im Himmel, von dem wir nichts wissen, geheiligt werde dein Name, den wir nicht kennen, dein Reich komme, von dem wir nichts ahnen, dein Wille geschehe, wie im Himmel, der uns so fern ist, so auch auf der Erde, die uns bis heute unser tägliches Brot nicht geben kann; weshalb wir unseren Schuldigern nicht vertrauen und ihnen auch nicht vergeben werden, weil wir nicht davon ausgehen können, dass unsere Rechnung jemals beglichen wird.

Denn die Aussicht, wirklich erkannt, in anderen Worten tatsächlich geliebt zu werden, ist Verheißung und Bedrohung zugleich, ein Glück, das zweischneidig ist. Vermutlich sind wir deshalb so in die Literatur verliebt, die uns, neben der Möglichkeit der Erkenntnis, jederzeit die Möglichkeit einer Ausflucht verheißt, den geliebten Spielraum der Interpretation: Im Lesen unseres eigenes Lebens möchten wir ausweichen können, wir möchten auf Ab- und Umwege gehen, weil der Gang der Dinge uns nicht überzeugt, weil wir es gerne anders hätten, denn wir träumen von unserem eigenen Reich: Mein Reich komme!

Mein Wille geschehe! Also erpresse mich nicht mit meiner Schuld!

Als Schriftstellerin ziehe ich das Schreiben dem Predigen vor, denn man wird mich im Jenseits nicht an meinen Reden, sondern an meinen Früchten erkennen. Doch was immer ich tue, treibe und schreibe, ich bleibe auf Beistand angewiesen, nicht zuletzt auf den Fortschritt des Telefons. Ich halte Kontakt. Ich bin auf Dolmetscher und Fährleute angewiesen, die mich ans andere Ufer bringen. Weshalb ich bis heute davon träume, einen Roman über den heiligen Christophorus zu schreiben.

In meinem Roman *Paradiese, Übersee* ist es allerdings kein Mann, sondern eine Frau, die für die Überfahrt ins Paradies zuständig ist; als Wirtin einer Pension in Echternach betreut sie die wechselnden Gäste der Springprozession: „Mit letzter Kraft heben wir unsere Hände, spitzen unsere Zeigefinger und klopfen dreimal mit verdoppeltem Zeigefinger gegen die Tür. Die Tür geht auf. In der Tür steht Frau Conzemius. Sie hat kein einziges graues Haar. Durch das Treppenhaus zieht der Duft von frisch gebackenem Brot. Vorsichtig hebt sie uns auf. Wir legen unsere Gesichter in ihre Achseln. (...) Frau Conzemius lacht. (...) Ich werfe mich auf das kleine Feldbett. Ich bin sterbensmüde, aber ich kann beim besten Willen nicht schlafen. Die Pferde, rufe ich, die Pferde, man muss sie trockenreiben, man muss sie kämmen, man muss sie schmücken, bevor die Könige kommen. Frau Conzemius lacht. Leise erbebt der Knoten in ihrem Nacken. Sie tritt an mein Bett, beugt sich über mich und sagt: Du weißt doch genau (...), dass die Pferde schon versorgt sind. Man hat sie längst in den Stall gebracht, getrocknet, gestriegelt und mit roten und grünen Girlanden versorgt. Wir sind auf alles vorbereitet, das weißt du doch. Seit Jahren sind wir darauf vorbereitet. Also ruh dich jetzt aus und schlaf ein wenig."

V. Der doppelte Martin

Martin begegnete mir zum ersten Mal am Vorabend eines elften November auf einem Laternenumzug durch meine Heimatstadt Hameln, in der Gestalt eines Ritters, die ich nie wieder vergaß: Fest im Sattel, auf einem weißen Pferd, in einen schweren roten Umhang gehüllt, der bis an die Sporen hinunterreichte, ritt er langsam und feierlich stur geradeaus durch den strömenden Regen, während wir Kinder ihm singend folgten, wie vor tausend Jahren dem Rattenfänger; wobei wir vor allem damit beschäftigt waren, in unseren nassen Laternen die kleinen flackernden Kerzen zu hüten, die der Wind immer wieder auszublasen drohte.

Denn es kam unbedingt darauf an, auf dem langen Weg durch die Dunkelheit das kleine Licht nicht verlöschen zu lassen: *„Mein Licht geht aus, wir geh'n nach Haus!"* Und nach Hause wollten wir keinesfalls. Wir wollten unbedingt weitergehen, noch lieber wären wir selber geritten, um dabei jenes ewige Lied zu singen, in dem es nicht regnet, sondern längst schneit und in dem plötzlich ein Bettler am Wegrand sitzt, für den Martin, mit großer Geste von oben nach unten, mit einem Schwert seinen Mantel teilt, jenen Umhang, der vermutlich groß genug war, um mindestens fünf Kindermäntel daraus zu schneidern.

Noch heute kann ich das Lied von Sankt Martin aus-
wendig, alle vier Strophen eines Textes, den ich damals
kaum zur Hälfte verstand, was ihn nur umso magischer
machte. Wir konnten den Abend kaum erwarten, um
uns ein zweites Mal auf den Weg zu machen, von Haus
zu Haus, von Tür zu Tür, um singend um unseren Lohn
zu bitten: Bonbons, Nüsse und Mandarinen, eine Art Ablass für Kinder, mit dem sich unsere Zuhörer jedes Jahr
von Neuem von unserem Gesang freizukaufen versuchten;
denn die meisten von uns sangen schlecht, weshalb man
uns so schnell wie möglich den Mund stopfen und wieder
loswerden wollte.

Aber ich ließ mir den Mund nicht verbieten, das Singen
schon gar nicht, denn gerade der Schluss schien mir besonders schön und geheimnisvoll: „Sankt Martin gibt den
halben still, der Bettler rasch ihm danken will. Sankt Martin aber ritt in Eil' hinweg mit seinem Mantelteil." Nur
wohin? Und warum so eilig? Und was ist aus jenem Bettler
geworden? Sitzt er immer noch auf der anderen Hälfte?
Lauter Fragen, auf die das Lied keine Antworten gab.

Doch die Konkurrenz in der Diaspora schlief nicht. Es
gab nicht nur doppelten Religionsunterricht, sondern
auch noch einen anderen Martin, mit einer anderen, vermeintlich festeren Burg und einem anderen eigenen Lied,
das sich gleichfalls großer Beliebtheit erfreute, vermutlich
weil sich die Sänger auf den Vortrag der ersten Strophe be-
schränkten, und die ging so: „Als Martin noch ein Knabe
war, hat er gesungen manches Jahr vor fremder Leute Tü-

ren. Er sang so fromm, er sang so zart, so recht nach frommer Kinderart, das mag ein Herz wohl rühren!"

Wer aber war dieser andere Martin, mit dem man gleichfalls auf seine Kosten kam? Denn egal, welches von beiden Liedern wir sangen, der Ablass war immer derselbe: Bonbons, Mandarinen und Nüsse. Nur welchem Martin verdankten wir sie? Welcher kam oben besser an? Welcher von beiden war tatsächlich der erste, der echte, der richtige Martin? Der Ritter von Tours oder der fromme, rührende Mann aus Thüringen (einem Land, das mir damals noch unbekannt war), der weder zu Pferd saß, noch Umhänge trug, sondern eine einfache Kutte, die sich beim besten Willen nicht teilen ließ?

Der *heilige Martin* und *Martin der Mönch* erscheinen mir heute als Zwillinge, die, mit einer Zeitverschiebung von gut tausend Jahren, aus ein und demselben Ei geschlüpft sind, um danach jeweils andere Wege zu gehen. Während sich der legendäre Bischof von Tours, aus Angst vor dem Kriegsdienst und seiner Berufung zum Bischof, in einem Gänsestall versteckt haben soll, was ihm den Vorwurf doppelter Feigheit einträgt, bis ihn eine geschwätzige Gans verrät und er sich beiden Ämtern auf einmal stellt, um nach einem wundergesättigten Leben die Bühne endlich verlassen zu dürfen, taucht auf der anderen Seite plötzlich der Mönch von Eisleben auf und nimmt zunehmend deutlich Gestalt und Format an.

Inzwischen gehört ihm die Bühne allein, denn er braucht weder Zwillings- noch Nebenfiguren; Martin Luther ist längst selbst zur Legende geworden. Doch es ist natürlich kein Zufall, dass seine Eltern ihrem ältesten Sohn, geboren an einem zehnten November, am Vorabend des Todes des Bischofs von Tours, den Namen eines der Vierzehn Nothelfer und eines der populärsten Heiligen gaben, die die katholische Kirche aufbieten kann. Seine Geschichte ist nach wie vor Tischgespräch, ein Gespräch, dessen Anfang deutlich markiert und dessen Ende bis heute nicht absehbar ist, weil Luther, im Gegensatz zu seinem Namenspatron, immer noch kein Heiliger ist, dafür aber, so streitbar wie umstritten, der größte Jubilar aller Zeiten, Deutschlands Superstar 2017, der auf sämtlichen Podien der Gegenwart plötzlich tausend Rollen auf einmal spielt.

Und alle in ein und demselben Kostüm, in ein und derselben schwarzen Kutte, ohne katholisches Netz und doppelten Boden, ohne Umhang und Schwert, ohne Bettler und Pferd, gewappnet mit nichts als dem reinen Wort: *Sola Scriptura*. Mit einer Bibel, die er selbst übersetzt hat, unbestritten ein Meister der Heiligen Schrift, ihrer Auslegung und Bedeutung; und mit der Gabe exakter Phantasie ausgestattet, fast schon ein Dichter, einzig geschützt und gelenkt durch den Schild des Gewissens und durch den Panzer der eigenen Frömmigkeit; einer Frömmigkeit die ich als Kind nicht verstand, weil ich nicht wusste, was Frömmigkeit wirklich bedeutet, weil ich in die alten Bilder verliebt war, in die Farbe des Mantels und in den katholischen Schnee.

Nicht zu reden davon, dass ich das neue Lied nicht mochte, mit dem man den zweiten Martin besang, der nachweislich die Musik so sehr liebte. In meinen Ohren bis heute ein hässliches Lied, ein praktisches Lied ohne Klang, das keine Geschichte erzählt, sondern nach frommer Kinderart kunstlos nach oben strebt; eine einfache Formel zwischen unten und oben, die meiner Laterne ihren magischen Glanz stehlen will. Doch was geht Luther meine Laterne an?

Aber ich komme nun mal aus der Diaspora, und sobald die Martinsgans auf den Tisch kommt, neige ich dazu, gesprächig zu werden, und gerate in die Versuchung, die alte Geschichte vom Bischof von Tours noch einmal von vorn zu erzählen, weil sie so schön und geheimnisvoll ist. Denn nicht genug damit, dass ich katholisch bin, im Nebenberuf bin ich Schriftstellerin und auf Zeichen der Außenwelt angewiesen, auf Bilder, Legenden und schnatternde Gänse, auf frierende Bettler, auf das Schwert und den Frost.

Und auf den ewigen Schnee, der die Frömmigkeit und die Barmherzigkeit immer wieder von innen nach außen kehrt, um sie sichtbar und berührbar zu machen, während Martin, der zweite, aus guten Gründen versucht, meinen Blick zurück nach innen zu lenken. Denn wo, wenn nicht dort, wohnt der liebe Gott, wo, wenn nicht dort, lässt sich, falls das überhaupt möglich ist, mit ihm sprechen, ohne Ausweg und Umweg über den Fluchtweg sentimentaler Geschichten von Heiligen, die von zweifelhaft guten Werken erzählen.

Doch was dem einen sein Schwert, ist dem anderen sein Hammer. Auch Luther war auf Werkzeuge angewiesen. Erzählte Geschichte, sofern sie uns überdauern soll, kommt zwar selten ohne plappernde Gänse aus; doch es ist nicht das Mundwerk, sondern das Handwerk, das am Ende die besten Legenden schmiedet, weil es die Bedeutung von Requisiten kennt. Weshalb meine Phantasie sich bis heute vom exakten Handwerk ernährt, von jenem Schwert, das angeblich den Mantel teilte, und von jenem Hammer, mit dem der verspätete Zwilling des Bischofs von Tours angeblich seine Thesen anschlug.

Was für ein Mann, und was für ein Bild, das Luther, der Großmeister medialer Verbreitung, in seiner schlaflosen Werkstatt geschmiedet hat. Und nebenbei ein schöner Hinweis darauf, dass auch Theorie, Theologie und ihre spitzfindige Freundin, die vertrackte Scholastik, neben mühsamer Kopfarbeit vor allem Hand- und Schweißarbeit sind; und Universitäten und Kirchen nichts als der Amboss, auf den man immer wieder von vorne schlägt, um das Wort in die historische Tat zu verwandeln.

Und plötzlich stehe ich selbst vor dem Tor der Schlosskirche zu Wittenberg und stoße mich an den berühmt berüchtigten Thesen, von denen zwar ununterbrochen die Rede ist, die aber kaum jemand kennt. Denn was ist die These gegen den Hammer? Wer sich der Mühe unterzieht, sie wirklich zu lesen, wird schnell auf die einfache Wahrheit stoßen, dass jede These ein Hammer für sich ist, denn „einzig aus Liebe zur Wahrheit und im Bestreben, diese zu ergründen, soll in Wittenberg unter dem Vorsitz des ehrwürdigen Vaters Martin Luther, Magisters der freien

Künste und der heiligen Theologie sowie deren ordentlicher Professor daselbst, über die folgenden Sätze disputiert werden. Deshalb bittet er die, die nicht anwesend sein und mündlich mit uns debattieren können, dieses in Abwesenheit schriftlich zu tun. Im Namen unseres Herrn Jesu Christus, Amen."

Sofort kommt eine leise Unruhe auf, Unbehagen breitet sich aus, denn die athletische erste These, der vierundneunzig weitere folgen, lautet: „Da unser Herr und Meister Jesus Christus spricht ‚Tut Buße', hat er gewollt, dass das ganze Leben der Gläubigen Buße sein soll." Zuspruch streitet mit Widerspruch, Beifall mit Zorn und Martin mit seinem Zwilling Martin. In meinem inneren Wittenberg geht es plötzlich drunter und drüber, ich stoße an und pralle zurück, denn, als Klartext gelesen, kann das nur heißen, dass wir, anstatt den Mantel zu teilen, uns einen anderen Mantel anziehen müssen, um endlich Rot gegen Schwarz zu tauschen.

Und schon kehrt die katholische Farbenlehre aus meiner Kindheit zurück und mit der alten Lehre die große Frage, was diese Thesen für jenen bedeuten, der nach wie vor so hoch katholisch zu Ross sitzt und einen der *Vierzehn Nothelfer* spielt. Müsste er, seinem Zwilling hinein in die Neuzeit folgend, nicht längst abgestiegen sein und die scheinbare Wohltat, die er glaubt, dem Bettler erwiesen zu haben, durch gesteigerte innere Einkehr ersetzen? Macht, wer nur halbe Mäntel verschenkt, nicht insgesamt auch nur halbe Sachen? Führt er nicht nach außen bloß vor, was sein Innenleben nicht hergibt; versucht er nicht einfach, sich freizukaufen, mit Nüssen, Bonbons und Mandarinen? Und hat folglich von Einkehr und Gottesdienst nicht das Geringste begriffen?

Der alte Streit zwischen Schein und Sein, zwischen Äußerlichkeit und Innerlichkeit, zwischen dem Beichtgitter und dem direkten Gespräch, zwischen Bild und Wort, zwischen Kloster und heimischem Küchentisch, zwischen Schleier und offenem Angesicht, zwischen der Geste und ihrer wahren Bedeutung, zwischen Ablass und ernsthafter Buße, zwischen Diesseits und Jenseits, in zwei Worten: zwischen katholisch und evangelisch.

Bis heute habe ich fahrlässig versäumt, an der im Wortsinn herablassenden Geste des Bischofs von Tours deutlich dichterisch Anstoß zu nehmen. Die vor kurzem verstorbene und von mir verehrte Dichterin Ilse Aichinger hat das schon vor Jahren getan, als sie in ihrem Gedicht mit dem Titel *Nachruf* schrieb: „Gib mir den Mantel, Martin, / aber geh erst vom Sattel / und lass dein Schwert, wo es ist, / gib mir den ganzen." Sie ist nicht allein mit ihrem berechtigten Einwurf, denn auch Dichter haben ein schlechtes Gewissen. Wobei den meisten vermutlich unbekannt ist, was ich als Kind auch nicht wusste: nämlich dass Martin, dem Offizier wider Willen, nur die eine Hälfte des Mantels gehörte; die andere verblieb im Besitz der Armee. Was heißt, dass der Ritter vom halben Mantel als ein nackter Martin nach Hause ritt, um auf einer kleinen Insel bei Genua ein Einsiedlerleben zu führen, wo er, genau wie später sein Zwilling, schwer mit dem Teufel zu kämpfen hatte.

Denn der Teufel kennt keine Zeitverschiebung, er ist überall und nirgends zugleich. In ständig wechselnden Kleidern schmiedet er rund um die weltliche Uhr nach wie vor die allerbesten Legenden, weshalb er bis heute der Feind aller Heiligen und der engste Freund aller Dichter ist; nur wer mit dem Teufel umgeht, hat auch was zu erzählen. Allerdings ist es leicht, sich über Legenden lustig zu machen, noch leichter, dabei über jene zu lachen, die tatsächlich noch an Legenden glauben und bis heute, wenn sie die Wartburg besuchen, auf der Suche nach dem berühmten Fleck an der Wand sind, den der erfolglose Kampf zwischen Teufel und Mönch angeblich hinterlassen hat.

Doch egal, ob echt oder nicht, egal, wie oft man ihn seither erneuert hat: Jeder mit frischer Tinte markierte Fleck an der Wand einer Zelle legt Zeugnis über die Erinnerung an die Not eines einzelnen Menschen im Verkehr mit seinem verborgenen Gott ab. Denn auch das Eintrittsgeld für den Besuch auf der Wartburg ist nichts anderes als eine leise Hoffnung auf Ablass, auf die sichtbare Berührung mit einer Geschichte, von der wir alle erlöst werden wollen.

Eine Erlösung, die dem gemeinen Touristen nicht zusteht, denn die letzte These unter dem Hammer lautet: „Man soll die Christen ermutigen, Jesus Christus nachzufolgen, und sie nicht durch Ablassbriefe falsche geistliche Sicherheit erkaufen lassen." Ergänzt durch die siebenundzwanzigste These: „Menschenlehre verkündigen die, die sagen, dass die Seele (aus dem Fegefeuer) emporfliege, sobald das Geld im Kasten klingt."

Aber nicht nur im Streit um das böse Geld und den lieben Gott hat uns Luthers Hammer auf Linie gebracht, sondern auch im Streit um Begriffe und Bilder, die die deutsche Sprache bis heute bestimmen. Womöglich handelt es sich zwischen *Martin* und *Martin* gar nicht um die Frage nach Banken und Schuldnern, sondern um den uralten Streit zwischen Sprache und Dichtung, also um eine rein linguistische Frage, um das bezeichnete und das zu bezeichnende Wesen?

Denn um was geht es wirklich? Um die Gans oder um den, der sie brät? Um den heiligen Martin oder um seinen Mantel? Um den Bettler oder um den katholischen Schnee? Ist es der Bischof oder sein Schwert, das den Mantel in jene zwei Hälften geteilt hat, von denen keine mit dem Bettler zur Deckung kam? Lauter Fragen, auf die es keine Antworten gibt. Denn die geschwätzige Martinsgans spricht seit jeher in einen doppelten Spiegel, der uns eine geteilte Wahrheit zeigt, zwei Seiten ein und derselben Medaille. Hier ist der Teufel und dort seine Tinte. Hier stehst du, und dort steht sein Fass. Ein Fleck, der sich beliebig erneuern lässt.

Was früher ein Spiel unter Kindern war, eine Erinnerung an Mandarinen und Nüsse am Vorabend eines elften November, der an nichts als den katholischen Karneval denkt, an Kostüme und fröhliches Maskenspiel, an lauter schöne verlässliche Sünden, ist zwischen Martin dem Ersten und Martin dem Zweiten längst bitterer deutscher Ernst geworden; bis heute geht es ums Eingemachte, um die letzten menschlichen Fragen, deren erste und wichtigste immer noch lautet: Wie bekomme ich einen gnädigen Gott?

Eine Frage, die sich Martin von Tours vor tausend Jahren vermutlich nicht stellte. Vermutlich wähnte er sich in einer Hand, die größer als seine Innenwelt war und deren Ordnung sich nicht mehr begreifen lässt. Und das ist auch gut so. Denn steht nicht geschrieben, ein jegliches habe seine Zeit? Der Mönch von Eisleben hat, ohne die Tragweite der Folgen zu ahnen, den Hebel ein für alle Mal umgelegt und aus seiner Innenwelt einen Panzer geschmiedet, der mit der scholastischen Außenwelt langfristig nicht mehr zur Deckung kam.

Doch er war nicht der Erste. Denn die Zeit war schon vor seiner Zeit aus den Fugen. Und es gibt noch eine dritte Legende, die gleichfalls von Schwertern und Mänteln und nebenbei von Zeichen und Zweifeln erzählt, eine Geschichte, in der, fünfzig Jahre vor Luthers Geburt, nicht nur die unverfügbare Gabe der Gnade, sondern auch die Frage nach dem Verbleib der menschlichen Seele auf höchst dramatische Weise ins Spiel kommt. Und in deren Mittelpunkt eine Frau steht, die sich kurz vor dem Ausgang des Mittelalters plötzlich überraschend deutlich in Szene setzt.

Die Rede ist von Jeanne d'Arc, der berühmten *Jungfrau von Orléans*, die mit dem lautstarken Schlachtruf *Par mon Martin! (Beim heiligen Martin!)* ihre Soldaten in den Kampf gegen die feindlichen Engländer führte und dabei immer wieder den heiligen Martin um Beistand anrief, bis heute Schutzpatron Frankreichs, der ihr, auch hunderte

Jahre nach seinem Tod, tatsächlich mehrfach zum Sieg verhalf, und das nicht selten mit Pomp und Posaune.

Kurzfristig ein ziemlich glänzendes Stück, langfristig das, was man landläufig eine Tragödie nennt, denn die Jungfrau ließ sich nicht retten. Nach dem Widerruf ihres Widerrufs in einem klassischen Inquisitionsverfahren vor den Magistern der hohen Universität zu Paris wurde sie 1431 auf dem Marktplatz von Rouen bei lebendigem Leibe verbrannt, weil sie sich dem Gericht der katholischen Kirche nicht unterwerfen wollte. Bis zum Schluss berief sie sich auf ihre inneren *Stimmen*, auf die heilige Katharina, die heilige Margareta und auf den heiligen Michael, denn „sie sprachen sehr schön und deutlich, und ich habe sie völlig verstanden."

Jeanne d'Arc ist eine so erstaunliche wie vertrackte Figur, vertrackter als alle Martins zusammen. Denn sie mutet uns eine Synthese zu, die keine Synthese, sondern ein Paradox ist, mit dem die meisten von uns nicht fertig werden; eine Mischung aus Glauben und Widerspruch, aus tiefer Frömmigkeit und blanker Gewalt, aus Bescheidenheit und Selbstüberhebung, aus Naivität und strahlender Intelligenz, mit der sie ihre Richter nicht selten in Verlegenheit brachte.

Allzu leicht, ihre Gestalt zu romantisieren und ins süße Licht der Legende zu rücken; ein Bauernmädchen aus Lothringen, das angeblich die Schafe hütete und hervorragend nähen und spinnen, allerdings weder lesen noch schreiben konnte, weshalb sie ihre „Thesen" ausschließlich mündlich vortrug und ihre Briefe diktieren musste; legendäre Briefe, die sie im blinden Vertrauen auf ihre Schreiber und Boten und, nicht zuletzt, ihr exzellentes Gedächtnis immer wieder in Umlauf brachte.

Die überlieferten Gerichtsprotokolle muten wie eine Disputation an, an der Luther vermutlich seine Freude gehabt hätte. Die Jungfrau besticht durch Klarheit, Genauigkeit und Schlagfertigkeit, gelegentlich auch durch Witz und Humor in einer de facto todernsten Lage; vor allem aber durch große Entschiedenheit: „Ihr sagt, dass Ihr meine Richter seid. Seht Euch vor, denn in Wahrheit: Ich bin von Gott gesandt, und Ihr bringt Euch selbst in große Gefahr."

Sätze, denen sie wenig später, auf ihren Gnadenstand hin befragt, als wäre sie, fünfzig Jahre vor Luther, bereits in die Lutherschule gegangen, entschieden hinzufügt: „Wenn ich es nicht bin, möge mich Gott dahin bringen, wenn ich es bin, möge Gott mich darin erhalten! Ich wäre der traurigste Mensch auf Erden, wenn ich mich nicht in der Gnade Gottes wüsste."

Es ist vermutlich kein Zufall, dass der irische Dichter George Bernard Shaw, in einem Kommentar zu seinem Stück über die Jungfrau, Johanna als „die erste Protestantin" bezeichnet hat. Denn obwohl ihre *Stimmen* bis zum Schluss unverwechselbar katholische Kostüme und Requisiten tragen, Katharinas Rad, Margaretas Drache und Michaels Seelenwaage, mit denen er am Tag des Jüngsten Gerichts die Guten gegen die Bösen aufwiegen wird, kommt man nicht um Johannas Leitsatz herum, um jenen unumstößlichen Glaubenssatz, der da lautet: *Regiere dich selbst!*

Ein Satz, in dem sich ihre Verehrer, übrigens sämtlich Männer und Dichter, von Schiller und Shaw über Brecht bis hin zu Mark Twain, allzu gern gespiegelt haben. Lauter protestantische Schwärmer, die durch die literarische Hintertür mit der Jungfrau Kontakt aufnehmen wollten, um in ein Gespräch über Gott und die Welt einzutreten, über Kirche, Geschichte und Politik. Johanna führt alle drei zusammen, ohne das jemals gewollt zu haben. Doch am Ende bleibt sie ein Rätsel. Denn wo sitzt die Seele einer Frau, die mitten im Hundertjährigen Krieg plötzlich entschlossen zum Schwert greift, sich dabei als „*Tochter Gottes*" bezeichnet und bis zum Schluss steif und fest behauptet: „Ich hätte mich lieber vierteilen lassen, als dass ich ohne Erlaubnis Gottes nach Frankreich gekommen wäre."

Ihre radikale Ausschließlichkeit im Verkehr mit ihrem Gottvater persönlich hätte, genau wie ihr Sendungsbewusstsein, Martin Luther ohne Zweifel zur Ehre gereicht. Kein Wunder also, dass sie vor dem hohen Gericht der hohen katholischen Kirche, deren Autorität sie übrigens niemals anzweifeln wollte, intuitiv bereits alles ins Feld geführt hat, was später für Luther zum heißen Eisen wurde: Seele, Gnade, Barmherzigkeit, die ganze gepeinigte Innenwelt als Spiegel einer chaotischen Außenwelt, und doch getragen von einem Wunsch nach Ordnung und Trost: „Es gibt keinen Tag, an dem ich die Stimme nicht höre; und ich bedarf ihrer. Niemals habe ich einen anderen Lohn erbeten als das Heil meiner Seele."

Die Inquisition sah das anders. In ihren zwölf Schuld-
artikeln sind „die Gelehrten der Meinung, dass es sich hier
um anmaßende Behauptung, abergläubische Wahrsagerei
und Lästerung" handele, Johanna mithin „eine Götzendie-
nerin, Beschwörerin der bösen Geister und irrgläubig" sei
und den Befehlen ihrer Stimmen Glauben geschenkt habe,
„ohne den Pfarrer um Rat zu fragen." In anderen Worten:
Johanna ist eine Ketzerin.

Doch ihre freie Rede lag längst in der Luft, auch das
wusste die Inquisition sehr genau, weshalb es keine Aussicht auf Gnade gab und in dem Verhör, das sich über
Monate hinzog, nicht nur um die menschliche Seele ging,
sondern nicht weniger um ihr Gefäß, also um den menschlichen Körper und um die entsetzliche Angst vor dem weltlichen Arm und dem irdischen Feuer, die Luther gut bekannt gewesen sein dürfte; denn ein verbrannter Körper
kommt nicht in den Himmel.

Man drehe und wende es, wie man will, Jeanne d'Arc
ist für beide Parteien verloren, sie ist katholisch und
evangelisch zugleich, also weder katholisch noch evangelisch, gebratene Gans und geteilter Mantel, Bischof
und Bettler, Handwerk und Mundwerk in einer Person,
eine nach wie vor brennende Frage, auf die es immer
noch keine Antwort gibt. Dass die Kirche „im Jahr der
Gnade", neunzehn Jahre nach ihrem Tod, den Prozess
wieder aufnahm und sie schließlich rehabilitierte, um sie
fünfhundert Jahre später tatsächlich heilig zu sprechen,
tut nichts zur Sache. Denn die geschwätzige Martinsgans
spricht bis heute in einen doppelten Spiegel, der uns eine

geteilte Wahrheit zeigt, zwei Seiten ein und derselben Medaille.

Dem Mönch von Eisleben ist es etwas besser ergangen, denn im Gegensatz zu Johannas französischem König hielt ihm sein Landesherr bis zum Schluss die Treue und schützte ihn gegen Bulle und Bann. Doch sein bester und engster Freund war das Handwerk des Buchdrucks, mit dem er seine Lauffeuer unter die Leute brachte, von Haus zu Haus und von Tisch zu Tisch. Müßig, darüber nachzudenken, was für Bücher Johanna geschrieben hätte, denn, par mon Martin!, sie schrieb keine Bücher, sie zog in den Krieg.

Wunder wirkte sie allerdings auch nicht. Jedenfalls fällt das Ergebnis im Vergleich zum Bischof von Tours durch und durch protestantisch aus. Mit der ihr eigenen Entschiedenheit wies Johanna alles zurück, was sie in die Nähe von Wundern gebracht haben könnte: Das sei „Torheit, nichts weiter." Doch Torheit war auch ihre Eitelkeit, ihre große Liebe zu den alten katholischen Requisiten, mit denen sie sich, besser als jeder Text es vermochte, in die Szene ihrer Zeit zu setzen verstand.

Zum letzten Mal übrigens, wie im Protokoll verzeichnet, kurz vor einem Sankt-Martinstag im November, und wie immer in der Gestalt eines Ritters, fest im Sattel, auf einem weißen Pferd, in einen schweren Umhang gehüllt, der ihr bis an die Sporen hinunterreichte; an der Seite das verrostete Schwert eines Waffenschmieds aus Tours, das man angeblich hinter dem Altar einer Kirche gefunden hatte; und in der Rechten die Fahne, die ihr nachweislich weit lieber war als das Schwert, denn ihr Grund war „von Lilien übersät (...). Darauf war die Welt dargestellt, und zwei Engel zur Seite."

So ritt sie stürmisch stur geradeaus, während die Soldaten ihr folgten, die, ganz nach Art der Soldaten, vor allem damit beschäftigt waren, ihre flackernden Lebenslichter zu hüten. Insgesamt eine schöne Geschichte, wenn da nicht jenes Ende wäre, an dem kein Bettler am Wegrand auftaucht, sondern ein feindlicher Soldat, der die Jungfrau am Zipfel des Mantels erwischt und sie für immer von ihrem katholischen Ross holt.

Die Legende behauptet, es sei tatsächlich jener Mantel gewesen, der Johanna am Ende zu Fall gebracht hat, viel zu groß, viel zu schwer, vermutlich einfach kein Mantel für Frauen, sondern nichts als der Traum von einem Sieg, den die Jungfrau nicht mehr erringen konnte. Der Rest der Geschichte ist Wasser und Brot, im günstigen Fall ein Laternenfest mit Bonbons, Nüssen und Mandarinen. Und am Ende das übliche Martinsfeuer. Ob sie's droben sehen kann?

Am Ende der Disputation wünscht sich der Schreiber des Textes von dem, der ihn sendet, ein kurzes posthumes Tischgespräch, in dem die Zeitverschiebung sich endlich aufheben darf; in dem Martin von Tours und der Mönch von Eisleben zusammen mit der Jungfrau von Orléans darüber beraten, wie man der Welt ihre Reformation erklärt. Auf dem Tisch steht ein auf der Wartburg erworbenes *Lutherlicht* für Euro vier neunundneunzig und ein Feuerzeug der Marke *Jeanne d'Arc*, gefunden auf dem Marktplatz zu Rouen. Gesprochen wird allerdings nicht, das Ganze dauert nur dreißig Sekunden, jene dreißig Sekunden, in denen Martin ab- und Johanna aufsteigt, während Luther abwechselnd beiden die Steigbügel hält und der Bettler endlich im Off verschwindet.

VI. Wie pfeift man das Johannesevangelium?

Ich beginne mit einem juristischen Fall: Am 31. Januar 1456, fünfundzwanzig Jahre nach der Hinrichtung der Jeanne d'Arc auf dem Scheiterhaufen in Rouen, berichtet der im Rehabilitationsprozess als Zeuge in Vacouleurs vernommene Jean de Metz Folgendes: „Ich sah die Jungfrau ankommen in einem ärmlichen roten Kleid. (...) Ich redete sie an: ‚Was macht Ihr hier?', und die Jungfrau antwortete mir: ‚Ich bin in diese königliche Stadt gekommen, um Robert de Baudricourt zu sprechen, daß er geruhe, mich zum König zu führen, oder führen zu lassen. (...) Niemand auf der Welt, nicht König, nicht Herzog, kein schottisches Königskind oder andere können das Königreich Frankreich wiedererlangen. Es gibt keine Hilfe als durch mich! Und dennoch, ich würde lieber neben meiner armen Mutter spinnen – denn dies hier ist nichts für mich, aber ich muß gehen, ich muß es tun, denn es ist der Wille meines Herrn.' Ich fragte sie, wer ihr Herr sei; sie antwortete: ‚Gott.' Und dann habe ich, Jean, der Jungfrau mit Handschlag versprochen, daß ich sie mit Gottes Hilfe vor den König führen würde. (...) Und unterwegs fragte ich sie, ob sie wirklich tun würde, was sie gesagt hatte. Und sie antwortete immer:

‚Da fürchte ich nichts, denn ich habe den Auftrag, es auszuführen – und meine Heiligen sagen mir, was ich tun soll.‘“

Jede Nacht, so die Aussage des Zeugen, „schliefen Bertrand und ich neben ihr. Sie lag mir zur Seite, in Wams und Hosen. Sie brachte mir eine solche Achtung bei, daß ich nie gewagt hätte, sie zu begehren. Ich schwöre, daß ich ihr gegenüber nie ein Verlangen oder eine Begierde verspürt habe. (...) Ich glaubte an die Worte der Jungfrau. Ich war begeistert von ihren Worten und von ihrer Gottesliebe. Ich glaubte, daß sie von Gott gesandt war: Sie fluchte nie, ging gern zur Messe, und um zu schwören, machte sie das Kreuzzeichen. So haben wir sie zum König geführt, bis nach Chinon (...).“

Die Gestalt der heiligen Johanna von Orléans ist – wie bereits im „Doppelten Martin“ erläutert – allgemein bekannt, ihre Geschichte ist überreich dokumentiert. Auch wenn wir gut daran tun, den Aussagen der Zeitzeugen Vorsicht entgegenzubringen, steht außer Frage, dass Johanna über etwas verfügte, das wir in der Regel mit dem Begriff der *Aura* zu fassen versuchen, jener Ausstrahlungskraft, die einer Person nicht nur Zauber, sondern auch eine gewisse Macht verleiht, das also, was wir als *natürliche Autorität* bezeichnen, der wir uns möglicherweise auch wider Willen und gegen jede Vernunft nicht entziehen können.

Natürliche Autorität ist weit schwerer zu definieren als der Begriff der Autorität allgemein, der sich immerhin notdürftig durch das Vorhandensein einer spezifischen Kompetenz (Autorität durch Wissen) oder in Bezug auf die Ausübung eines Amtes oder einer Funktion (administrative Autorität) eingrenzen lässt. Sie ist nicht zu fassen, weil sie weder erworben noch (von Menschen) verliehen werden kann, auch wenn Managerseminare gern Gegenteiliges versprechen und damit in die Nähe stark aufgeladener und ambivalenter Begriffe wie etwa den des *Charismas* geraten. Die meisten Definitionsversuche zäumen daher das Pferd von hinten auf, indem sie Wirkungen beschreiben, ohne ihre Ursache erklären zu können. Sie sprechen von Respekt und Achtung, von Autorität durch Würde.

Aber was ist Würde, was Respekt und was jene Achtung, die Johanna dem jungen Jean de Metz beibrachte, wenn sie nachts unterwegs nach Chinon in Wams und Hosen neben ihm lag und er angeblich nicht das geringste Begehren empfand? Selbst wenn wir in Rechnung stellen, dass Johanna sich mit einer an Selbstüberhebung grenzenden Entschiedenheit als unwiderrufliche Autorität präsentierte („Es gibt keine Hilfe außer durch mich!"), bleiben die Akzeptanz und der Respekt, der ihr bei aller Feindschaft von vielen Seiten entgegengebracht wurde, bis heute ein Geheimnis, das sich auch durch den Hinweis auf jene Instanz nicht lüften lässt, die Johanna nach eigener Aussage Autorität verlieh: „Ich muß es tun, denn es ist der Wille meines Herrn."

Der genannte Herr ist so bekannt wie jene Heiligen, auf die Johanna sich immer wieder beruft. Aber war ihr Wille verbürgt? Wer die Geschichte des frühen fünfzehnten Jahrhunderts kennt, weiß, wie viele selbst ernannte Autoritäten damals in Angelegenheiten ihres HERRN unterwegs waren und wie streng sie jener Überprüfung weltlicher und kirchlicher Autoritäten unterworfen waren, denen am Ende auch Johanna zum Opfer fiel.

Das dürfte neben den bekannten politischen Gründen auch ihrem Eigensinn geschuldet sein, jener *propria voluntas*, die sich nicht nur auf den eigenen Willen, sondern, allem voran, auf die eigene Wahrnehmung (die eigenen Sinne) und auf eigene Erkenntnis beruft, und die nicht nur von Seiten der katholischen Kirche immer wieder aufs Schärfste bekämpft worden ist. Die Geschichte des menschlichen Eigensinns ist so alt wie die Geschichte menschlicher Autorität, sie sind, einer des anderen Spiegel, im ständigen Streit zwischen Unterwerfung und Selbstbestimmung.

Es ist kein Zufall, dass der Begriff des Eigensinns bis heute tendenziell negativ besetzt ist, was die Suche nach Synonymen bestätigt, bei der wir auf Begriffe wie *stur, verstockt, unbelehrbar, dickköpfig* und *starrsinnig* stoßen (um nur ein paar zu nennen), von denen sich einige auch auf jener Schandmütze fanden, die Johanna auf dem Weg zur Hinrichtung trug und in der sich die Beziehung von Text und Norm gewissermaßen stichwortartig spiegelt. Sprichwörter, das sei hier am Rand bemerkt, arbeiten nach einem nicht unähnlichen Muster normativer Setzungen durch suggestive Kürze und sind damit ein aufschlussreiches Beispiel für literarische Normenbildung durch Sprüche: „Wer sich in Gefahr begibt, kommt darin um!", „Hochmut kommt vor dem Fall!"

Doch selbstverständlich könnte man diese Attribute allesamt durch ihr Gegenteil ersetzen, durch *selbstbestimmt, fantasievoll*, womöglich *frei*, denn dass sich menschlicher Eigensinn als produktiver Motor durch die gesamte Geschichte der Menschheit zieht, steht außer Frage. Und doch hat der Eigensinn nie ganz den Geruch eines Entwicklungs- und Erziehungsfehlers verloren, der sich bis in die Grimm'sche Märchensammlung hineingeschrieben hat, in der eines der kürzesten Märchen den Titel *Das eigensinnige Kind* trägt:

„Es war einmal ein Kind eigensinnig und tat nicht, was seine Mutter haben wollte. Darum hatte der liebe Gott kein Wohlgefallen an ihm und ließ es krank werden, und kein Arzt konnte ihm helfen, und in kurzem lag es auf dem Totenbettchen. Als es nun ins Grab versenkt und die Erde über es hingedeckt war, so kam auf einmal sein Ärmchen wieder hervor und reichte in die Höhe, und wenn sie es hineinlegten und frische Erde darüber taten, so half das nicht, und das Ärmchen kam immer wieder heraus. Da mußte die Mutter selbst zum Grabe gehen und mit der Rute aufs Ärmchen schlagen, und wie sie das getan hatte, zog es sich hinein, und das Kind hatte nun erst Ruhe unter der Erde."

Egal, ob wir Johannas Geschichte als Erfolgsgeschichte, als Geschichte tragischen Scheiterns oder, wie heute weitgehend üblich, als Krankengeschichte lesen, bleibt am Ende ein Geheimnis, das sich nicht auflösen lässt. „Jede Wissenschaft", schreibt der Politologe Andreas Anter, „verdankt ihre Existenz der Tatsache, dass es Geheimnisse gibt, denn wissenschaftlich interessant ist immer nur, was nicht offen zutage liegt. Es gäbe überhaupt keinen Grund, sich mit einem Gegenstand zu beschäftigen, über den man schon alles wüsste. (...) Das Geheimnis spielt nicht nur in den Wissenschaften, sondern generell für das Zusammenleben der Menschen eine konstitutive Rolle."

Eine unangefochtene Hauptrolle spielt das Geheimnis seit jeher in der Literatur. Sie ist es, die Geheimnisse so unberechenbar wie produktiv hütet, weil sie, im Gegensatz zu den Wissenschaften, weniger der Lüftung als der Inszenierung und damit der Konsolidierung eben jenes Geheimnisses dient. Im Gegensatz zu den Wissenschaften lebt die Literatur, selbst da, wo sie scheinbar aufklärerisch auftritt, nicht von der Enthüllung, sondern von der Verhüllung, woraus sonst sollte sie ihr Gold und ihre Effekte schlagen. Sie nimmt sich die Freiheit, Geschichte zu Geschichten zu machen und damit in Konkurrenz mit anderen Deutungshoheiten zu treten, wobei sie mit Vorliebe Autoritäten ganz unterschiedlicher Art die Bühne bereitet. Literatur lebt nun mal vom Drama, von der Gegensätzlichkeit ihres Personals, sie schöpft ihre Kraft und Energie nicht aus der nüchternen Betrachtung ihrer Figuren, sondern aus der Beschreibung und Stilisierung ihrer Hierarchien untereinander.

Um das zu illustrieren, muss man kein Shakespearesches Königsdrama bemühen. Es reicht, wenn wir uns an frühe mündliche Traditionen wie die der Sagen, Märchen und Legenden halten, deren Wirkung bis in die Gegenwart reicht. Dazu bedürfen sie keines Autors, sondern einzig der Autorität der Erzählung. Dass wir bis auf den heutigen Tag Märchen, Sagen und Legenden lesen, verdankt sich nicht ihrer Autorschaft, sondern ihrer Handlung, ihrer schlichten Plausibilität, dem also, was eine gute Erzählung ausmacht: ihrer Einfachheit, ihrer Übertragbarkeit, ihrer Relevanz und ihrer Fähigkeit, für Struktur im Denken und Fühlen zu sorgen.

Das ist nicht zuletzt der Abwesenheit eines erzählenden Ichs geschuldet. Märchen sind nicht subjektiv, sondern auktorial und, gegenläufigen Annahmen zum Trotz, weniger subversiv als konservativ, also nicht dazu da, Illusionen, sondern eine Ordnung zu schaffen, die von lauter unerfüllbaren Wünschen flankiert ist, was die Wünsche nicht weniger wünschenswert macht, sondern bloß an die richtige Stelle setzt. Die Erzählung markiert sie hartnäckig und unerbittlich als das, was sie sind: genauso unerfüllbar wie die Mission der Jungfrau.

Es ist so fahrlässig wie verführerisch, die Protokolle des gegen Johanna angestrengten Prozesses unter literarischen Gesichtspunkten zu lesen. Ein literarisch gestimmtes Ohr wird sich der Versuchung dennoch kaum entziehen können. In unserem Zusammenhang sind sie aber vor allem deshalb von Interesse, weil wir hier ein Kräftefeld vorfinden, auf dem die Frage nach Autorität nicht in Opposition, sondern auf der Basis von Interpretation verhandelt wird, weil wir uns mitten in einem Verfahren befinden, in dem bei genauem Hinsehen nicht Glaubensfragen im Mittelpunkt stehen, sondern die Frage nach ihrer Auslegung in Hinblick auf Befugnis. Denn nicht einen einzigen Moment lang lässt Johanna auch nur den geringsten Zweifel daran aufkommen, dass sie in Gottes Auftrag handele. Sie tritt entschieden als Auftragnehmerin auf und glaubt sich damit, wie absurd auch immer sie in dieser Rolle gegenüber einem Tribunal erscheint, dessen Machenschaften sie nicht durchschaut, in einem prinzipiellen Einverständnis mit jenen, die sie verhören. Sie denkt, wie jene, in Hierarchien und hält sich für eine von höchster Instanz in ihr Amt Berufene, deren Berufung dem Gericht bloß nicht offenbar wird.

Damit betritt Johanna, diese Analphabetin im „ärmlichen roten Kleid", eine Bühne, die Kunst und Literatur jahrhundertelang nachgestellt haben, ohne jemals die Kraft ihres Originals zu erreichen. Dass wir es im Fall der Jungfrau trotzdem mit einer literaturfähigen Figur ersten Ranges zu tun haben, erkennen wir sofort. Die Fülle der über sie verfassten literarischen Werke beweist das ebenso wie die Tatsache, dass Johanna, neben Napoleon, zu den am häufigsten verfilmten Gestalten der Weltgeschichte zählt. Kunst wird erst in zweiter Linie interpretiert, in erster Linie ist sie selbst eine Form ständiger Neuinterpretation durch entschiedene Autorschaft, deren Autorität sich allerdings, selbst da, wo sie sich um historische Recherche bemüht, nicht, wie in den Wissenschaften, aus Versuchen möglichst genauer Rekonstruktion und Beweisführung speist, sondern aus ihrem Behauptungscharakter, den sie mit literarischen, also rhetorischen Mitteln erzeugt, was sie im Streit um Deutungshoheiten seit jeher höchst anfechtbar macht.

Der Kunsthistoriker Johan Huizinga geht in einem Aufsatz zu George Bernard Shaws Theaterstück *Die Heili-*

ge Johanna sogar so weit zu behaupten, gewisse historische Größen entzögen sich gerade wegen der übergroßen Wirkung ihrer Autorität grundsätzlich literarischer Darstellbarkeit, wohingegen historisch nicht verbürgte, sagenhaft nebulöse Gestalten wie beispielsweise König Artus oder Wilhelm Tell überhaupt erst durch die Literatur den Rang einer Autorität erlangten. Er greift dabei auf den bekannten Vorwurf gegen die Literatur zurück, sie schaffe Realitäten, die gar keine seien, schrumpfe dagegen jene, denen man sich einzig durch wissenschaftliche, bestenfalls essayistische Darstellung annähern könne, ein.

Darin ergeht es Johanna nicht anders als dem, den sie zeit ihres kurzen Lebens im Sinne einer *Imitatio Christi* nachahmen wollte: Schlechte Jesusromane und -filme sind Legion und selten mehr als ein Beweis dafür, wie groß die Anziehungskraft einer Aura der Heiligkeit für die Literatur ist und wie sehr sie sich zugleich menschlichen Begriffen und künstlerischen Mitteln entzieht. In der Geschichte von Jesus und der Ehebrecherin (Joh 8,1–11) befinden wir uns – ähnlich wie Johanna – wieder vor Gericht. Vor einem Gericht allerdings, wo der Richter plötzlich kein Richter mehr ist, sondern ein Lehrer, der, wie jeder begabte Lehrer, seine Autorität nicht durch ein Urteil ins Spiel bringt, sondern dadurch, dass er die Frage, um die es hier geht, an die Ankläger weitergibt und sie damit überraschend zu seinen Schülern macht: „Wer von euch ohne Sünde ist, werfe als Erster einen Stein auf sie. Dann bückte er sich wieder und schrieb auf die Erde." (Joh 8,7.8)

Was Jesus auf die Erde schrieb, wissen wir nicht, eine Zauberformel war es mit Sicherheit nicht. Gute Lehrer sind keine Trickkünstler, sondern regen zum Denken an und durch ihr Denken zum Widerspruch, der sich in einem Steinwurf nicht auflösen lässt. Jesu Geste, das Schreiben in den Sand, ist kein geheimniskrämerisches Zeichen, ein Text schon gar nicht, sondern schlicht und einfach jene schöpferische Pause, die wir in der Regel zum Nachdenken brauchen, um am Ende zu einem eigenen Urteil zu kommen. Über jedem Gesetz steht schließlich die Erkenntnis, dass auch die Autorität des Gesetzes nur Menschenwerk ist, das ständig überprüft werden muss. Nicht umsonst lautet Johannas Maxime: *Regiere dich selbst!*

Wie schwer es ist, sich selbst zu regieren, wissen Dichter und Schriftsteller vermutlich am besten, denn Kunst ist jederzeit Auftragskunst; selbst da, wo nicht von Kunst im staatstragenden Sinn die Rede ist, von hagiographischen Hofpoeten oder poetischen Chefideologen, deren ausgewiesene Aufgabe es ist, ein Lob auf die Macht zu singen. Auch da, wo Schriftsteller angeblich in *eigener Sache* unterwegs sind, also Auftraggeber und Auftragnehmer in einer Person, selbst ernannte Schöpfer eines eigenen Werkes, stehen sie in einer Ordnung, die außerhalb ihrer selbst existiert und auf die sie sich auf die eine oder andere Weise beziehen. Dass Autor und Schöpfer (auctor als *Autor, Urheber, Schöpfer, Veranlasser*) etymologisch in eins fallen, ist eine Binsenweisheit, ebenso, dass jeder Autor sich, bewusst oder unbewusst, auf das Vorbild eines Urschöpfers bezieht.

Damit ist kein Glaubensinhalt gemeint. „Geschichte nennt man Geschichten, denen der Erzähler einen Sinn gibt", schreibt Franz Blei (1913) und fährt, Thomas Hobbes zitierend, fort: „Veritas in Verbo, non in re consistit (...), im Worte, nicht in der Sache liegt die Wahrheit. (...) Damit aus dem Kloss Erde ein Mensch würde, nahm Gott der Herr ein Rohr und blies ihm seinen Odem ein. So tut der Dichter. Das ist seine Gottähnlichkeit. (...) Er schafft nach seinem Ebenbilde. (...) Die Menschen sind an dem zu erkennen, was die Dichter über sie aussagen."

In dieser Aussage ist so viel Erkenntnis wie Anmaßung enthalten. Schließlich könnte man umgekehrt auch behaupten: Die Erschaffung des Menschen ist Handwerk, nicht Wortwerk. Aber selbst wenn wir, dem Johannesevangelium folgend, glauben, dass am Anfang tatsächlich das Wort war, bleibt die Frage: Wer spricht? (Wer schreibt?) Und die Frage: Wer spricht (und wer schreibt) in wessen Auftrag? Zu wem und für wen? Welcher Autorität, wessen Interessen unterstehen wir, wenn wir das Wort ergreifen? Wer zeichnet verantwortlich für das, was wir sagen (schreiben)? Vor allem aber: Wem schenken wir und wer schenkt uns Glauben? Und warum?

Michel Foucault begegnet dieser Frage in seinem inflationär häufig zitierten Aufsatz *Was ist ein Autor* (1969) mit einem Zitat von Beckett: „Was liegt daran, wer spricht, hat jemand gesagt. Was liegt daran wer spricht?" „In dieser Gleichgültigkeit", so Foucault weiter, „muß man wohl eines der grundlegenden ethischen Prinzipien zeitgenössischen Schreibens erkennen." Aber beim Wiederlesen stellt sich plötzlich die Frage: Hat Foucault Beckett richtig gelesen? Oder, genauer gefragt: Wie hat er Beckett interpretiert? Was lesen wir, wenn wir Foucault lesend Beckett lesen und, Beckett lesend, versuchen, Foucault zu verstehen?

In erster Linie zwei Autoren, die, unwiderruflich, längst Teil eines literarischen und wissenschaftlichen Kanons und damit selbst scheinbar unhintergehbare Autoritäten geworden sind. Es liegt nämlich alles daran, wer spricht. Eine Relecture Becketts zeigt allerdings, dass Foucault seine Lektüre so enthusiastisch wie ungenau den Zwecken seiner eigenen Idee unterwirft. Das genannte Zitat hat nicht nur durch die Herauslösung aus seinem Kontext und durch seine Übersetzung aus dem Französischen (*Textes pour rien*, 1954) ins Englische (*Texts for nothing*, 1974) und Deutsche (*Texte um Nichts*, 1954 und 1977) Metamorphosen erfahren, sondern ein Eigenleben entwickelt. Der berühmt gewordene Satz, es kümmere niemanden, wer da spricht, wird längst weniger seinem Urheber Beckett als dem zugeschrieben, der ihn zitiert hat, also Foucault.

Aber was liegt daran, wer zitiert? Damit kommen wir zur zentralen Frage der Autorschaft: „Es gab", schreibt Foucault in dem oben genannten Aufsatz in einem fast märchenhaften Stil, der den Sehnsuchtscharakter des Textes hervortreten lässt, „eine Zeit, in der die Texte, die wir heute literarisch nennen (...) aufgenommen, bewertet und verbreitet wurden, ohne dass sich die Frage nach ihrem Autor stellte. Ihre Anonymität bedeutete keine Schwierigkeit, ihr wirkliches oder vermutetes Alter genügte als Garantie." Heute dagegen „fragt man (bei jedem Text) danach, woher er kommt, wer ihn geschrieben hat, zu welchem Zeitpunkt, unter welchen Umständen oder mit welcher Absicht. Die Bedeutung, die man ihm zugesteht, der Status oder der Wert, den man ihm beimisst, hängen davon ab, wie man diese Fragen beantwortet. Und wenn er uns in Folge eines Missgeschicks oder des expliziten Willens des Autors anonym erreicht, so besteht das Spiel alsbald darin, den Autor zu suchen. Literarische Anonymität ist uns unerträglich; wir akzeptieren sie nur als Rätsel."

Foucault stellt sich offenbar ein anderes Spiel vor, das angesichts des aktuellen literarischen und wissenschaftlichen Marktes beinahe schon naiv anmutet. In einem Interview mit Le Monde (*Der maskierte Philosoph*, 1980) träumt er von einem *Jahr ohne Namen*, von einer diskursiven Freiheit durch Anonymität: „Ein Jahr lang würde man Bücher ohne Autorennamen veröffentlichen. Die Kritiker hätten mit einer rein anonymen Produktion klarzukommen. Aber vielleicht (...) hätten sie nichts zu sagen: alle Autoren würden das nächste Jahr abwarten, um ihre Bücher zu publizieren." Damit liegt er goldrichtig: Nicht der Wunsch nach einem unvoreingenommenen Gespräch über Texte stünde im Vordergrund, sondern das Rätsel, ein strenger Wettbewerb in Sachen Wiedererkennung, der den Autoren vermutlich weit mehr am Herzen läge als ihren Kritikern. Kanonbildung beginnt hier und jetzt, die Ordnung der Texte steht über den Texten.

Geheimnisse sind metaphysisch verankert, Rätsel dagegen ein Appell an den menschlichen Sportsgeist, sie wollen gelöst werden und sind, mit etwas Übung, in der Regel leicht zu lösen. Sobald wir den Boden der Mündlichkeit und damit den Boden vager Überlieferung und Anonymität verlassen, bekommen wir es mit Personen zu tun, die mit ihrem eigenen Namen verantwortlich zeichnen. Die überliefernde Stimme ist zum Autor geworden, der Autor zur Autorität, die nicht müde wird, sich selbst (und nebenbei die Welt) zu erklären und, darüber hinaus, über ein Urheberrecht verfügt, für das Tantiemen bezahlt werden müssen. Damit stellt sich der Autor in einen Kontext, der jenseits des Textes selbstverständlich auch um gesellschaftliche Autorität im Sinn von Bedeutung und medialer Prominenz kreist.

Im Wettbewerb der Bedeutungen aber sind Autoren gezwungen, sich in Zusammenhänge zu stellen, die ihrerseits durch andere, einerseits sich abwechselnde, andererseits längst abgesegnete Autoritäten bestimmt werden, weshalb sie seit jeher ein untrügliches Gespür für das haben, was wir landläufig Kanon nennen. Dabei stellen sie sich gern ausdrücklich in die Reihe so genannter *großer Geister*, deren Gefolgschaft sie antreten möchten. Für die schöne Literatur wie die Wissenschaften gilt gleichermaßen: Wer auf Bedeutung (Nachruhm) setzt, hat, stark vereinfacht, nur zwei Möglichkeiten: Nachfolge oder Traditionsbruch. Aber was wünscht sich, in einer freien Gesellschaft, das Publikum? Alles. Nur nicht, dass der Kritiker sich zur Seite dreht und, mit dem Rücken zum Volk, auf die Erde schreibt und die Urteilsfindung an das Publikum weitergibt. Das Publikum, auch das hat Tradition, zieht den Richter jederzeit dem Lehrer vor.

Die Geschichte der Literatur ist von permanenten Gegenbewegungen getragen, die abwechselnd Ordnungen schaffen und zerstören, also Ordnung und Unordnung gleichermaßen hervorbringen, aber nicht, um damit Autorität
aus der Welt zu schaffen, sondern lediglich, um alte durch
neue Autoritäten zu ersetzen. Das führt zwangsläufig zu
Wiederholungen, um nicht zu sagen, zu Kreisbewegungen
– die Avantgarde von heute ist die Nachhut von morgen.
Ganz gleich, wie subversiv sich Literatur gelegentlich gibt,
nur in seltenen Fällen verlässt sie jenes System, das im Kern
ihre sinnstiftende Kraft ausmacht und den Glauben daran konserviert, dass Literatur überhaupt eine autoritative
Kraft habe.

Eine Kraft, die gerade in autoritären Systemen besonders deutlich zum Tragen kommt, dort also, wo Kunst
und Literatur der Zensur unterworfen sind und wo ihre
Hervorbringung permanenter Kontrolle, also ständiger
Abgleichung mit der herrschenden Norm unterliegt. Das
führt, je nach Grad der Unterwerfung unter die jeweilige
Autorität, zu einer grotesken Überanpassung der Kunst bei
gleichzeitiger, nicht selten höchst kreativer Unterlaufung
des Systems mit subversiven literarischen Mitteln. Gelegentlich ist behauptet worden, besonders repressive und
autoritäre Systeme brächten eine besonders vitale Literatur
und eine ganz spezifische Form künstlerischen Eigensinns
hervor. Man könnte auch von Verschrobenheit sprechen.
Was angesichts historischer Tatsachen nicht frei von einem
das *Autorenopfer* stilisierenden Zynismus wäre, dem ich
mich hier keinesfalls anschließen möchte.

Allerdings ist offenkundig, dass gerade da, wo es scheinbar keine Schranken mehr gibt, also Macht und Autorität sich angeblich längst in einem nebulösen Marktgeschehen und Meinungsspiel aufgelöst haben, das für alle an diesem Spiel Beteiligten nur schwer durchschaubar ist, weil seine Regeln ständig wechselnden Interessen, Bedürfnissen und Moden ausgesetzt sind und damit, genau wie die Börse, permanenten Schwankungen unterliegen, die Literatur womöglich in Schwierigkeiten gerät.

Denn die Freiheit der Kunst, auch das eine Binsenweisheit, ist zugleich ihre Fessel. Wer alles darf, bleibt im Ergebnis beliebig, weil der nötige Widerstand fehlt. Dass Johanna vehement das Fluchen verbot, eine Attitüde, die heute (zumindest in westlichen Gesellschaften, in anderen Kulturkreisen sieht das schwerwiegend anders aus) lächerlich anmutet, ist einzig der Macht des Fluchens geschuldet, um die sie sehr genau wusste. Dasselbe gilt für die Literatur – wo sie keinen Widerpart hat, verpufft ihre Kraft. Blasphemie, genau wie Witz und Satire, beruht auf der Kraft der Autorität: „Nur fluchende Herzen fühlen sich stark", heißt es in Hoppes Roman *Johanna*. „Nur ein gläubiges Herz versteht sich aufs Fluchen, nur wer Gott hört, kann ihn bündig verleugnen. Hochmut glänzt nur im Spiegel der Sünde, in der Hoffnung auf Strafe und Aufmerksamkeit. (...) Ohne Gott auch kein Gegner, die Wut geht ins Leere. Wir bleiben zurück und schwimmen im Tümpel der Angst vor uns selbst."

Es ist vermutlich genau diese „Angst vor uns selbst", die den größten Feind des so genannten freien Autors hervorgebracht hat: die Selbstzensur. Wo Autorität durch Meinungsvielfalt ersetzt wird (was nicht heißt, das eine schließe das andere aus), fischt der Autor nicht selten im Trüben. Er bleibt auf sich selbst zurückgeworfen, ohne zu wissen, ob er *da draußen* wirklich (tatsächlich) ein Publikum findet, von dem er mittlerweile längst weiß, dass sein Geschmack nicht weniger launisch und wankelmütig ist als der eines Despoten. Nur die Folgen sind weniger lebensbedrohlich. Wo den russischen Dichter Ossip Mandelstam eine parodistische *Ode auf Stalin* kurzfristig die Verbannung und langfristig den Kopf kostete, geraten Autoren so genannter freier Gesellschaften lediglich in Vergessenheit. Denn für oder gegen wen schreibt ein Autor, der nichts und niemandem außer sich selbst oder bestenfalls einer Generation verpflichtet ist, mit deren Aussterben auch sein Werk verschwindet?

Dass der Kampf gegen das Verschwinden eine sinnlose Kraftanstrengung ist, wusste Virginia Woolf schon 1928: „Führen die Rezensionen der Gegenwartsliteratur nicht beständig vor Augen, wie schwer eine Urteilsfindung ist? ‚Dieses große Buch‘, ‚dieses wertlose Buch‘, so heißt es von ein- und demselben Buch. Lob und Tadel bedeuten gleichermaßen nichts. Nein, wie angenehm der Zeitvertreib des Messens sein mag, es ist die sinnloseste aller Beschäftigungen, und sich den Entscheiden der Vermesser zu beugen, die charakterloseste aller Haltungen. Von Bedeutung ist allein, daß Sie schreiben, was Sie schreiben möchten; und ob es jahrhundertelang von Bedeutung sein wird oder nur stundenlang, vermag niemand zu sagen.“

Im freien Spiel der Kräfte ereignen sich seltsame Dinge, weil der losgelassene Autor nicht loslassen kann, sondern sich immer noch nach einer Rolle sehnt, die ihm Publikum und immerhin kurzfristig auch Autorität sichert. Er spielt den Tabubrecher, den Provokateur oder, als Hofnarr ohne Hof, einfach den Kasper, den Unterhalter. Er trägt sich, wie man so sagt, *zu Markte*. Selbst da, wo er Tabus bricht, bleibt er politisch korrekt, der beste Freund seines Lesers, dessen Bedürfnisse er zu kennen glaubt, indem er einfach *gute Geschichten* erzählt.

Aber reicht das? Erwarten wir von einem Autor tatsächlich nichts als gute Geschichten? Dazu nochmals Foucault: „Das Werk, das (früher) die Aufgabe hatte, unsterblich zu machen, hat (heute) das Recht erhalten, zu töten, seinen Autor umzubringen. Denken Sie an Flaubert, Proust, Kafka. (...) Das Merkmal des Schriftstellers besteht nur noch in der Eigentümlichkeit seiner Abwesenheit. Er muss die Rolle des Toten im Spiel einnehmen."

Hier drängen sich mindestens zwei fibelhafte Fragen auf. Erstens: Von welchem Spiel ist die Rede? Zweitens: Welche Autorität bestimmt seine Regeln, wer verlangt dieses Opfer? Warum überhaupt bemüht Foucault den Begriff des Opfers (*etwas unter Verzicht Gegebenes*), der doch weit mehr als bloßes Verschwinden oder reine Selbstauflösung bezeichnet? Denn auch da, wo wir keinen Täter annehmen, bleibt der Opferbegriff transzendental gebunden. Er ist nicht denkbar ohne eine Autorität, die dieses Opfer verlangt.

Womit wir uns, einmal mehr, in einem Raum der Unfreiheit befinden, genau dort also, wo Foucault seinen Diskurs über Autor und Werk längst nicht mehr verortet wissen wollte: „Das Verschwinden des Autors, das sich (...) unaufhörlich ereignet, findet sich einer transzendentalen Verriegelung unterworfen. Gibt es nicht aktuell eine wichtige Trennungslinie zwischen denen, die immer noch glauben, die Brüche des Heute in der historisch- transzendentalen Tradition des 19. Jahrhunderts denken zu können, und denen, die sich endgültig davon zu befreien versuchen?"

Es gibt sie tatsächlich. Und sie ist schärfer markiert denn je. Als Linie, hinter der sich jener utopische Sehnsuchtsraum befindet, in dem alles eins wäre, in dem es keine Autoritäten mehr gäbe, also weder Priester noch Opfer, in anderen Worten: das Paradies. Ein Raum allerdings, von dem, das wusste Foucault so gut wie Jesus, weder Schriftsteller noch ihre Kritiker und schon gar nicht ihr Publikum träumen: „Man versteht", führt er in dem oben zitierten Interview aus, in dem es um das *Jahr ohne Namen* geht, „dass einige über die gegenwärtige Leere jammern und wünschen, dass es in der Ordnung der Ideen ein wenig Monarchie gäbe."

Lange Zeit galt die Rolle des Schriftstellers in seiner Funktion als Priester oder, wenn das nicht, so wenigstens doch als *Welterklärer* zumindest in westlichen Gesellschaften als überholt, nicht zuletzt deshalb, weil es einfach zu viele von ihnen gibt: Wo sich Autorität ständig multipliziert, wird sie zunehmend unglaubwürdig. Aber de facto ist die Sehnsucht nach denen, die uns die Welt gerade nicht als Priester erklären, natürlich geblieben. Und es bedarf eines gewissen Eigensinns – ex oriente lux! –, uns wie der estnische Schriftsteller Peeter Sauter zu erklären, dass von Schriftstellern nicht viel zu erhoffen ist:

„Der Schriftsteller nämlich ist ein blindes Huhn, das in seinen Vorstellungen gefangen ist, die Umgebung nicht wahrnimmt und alle wichtigen Unterfangen gern auf der Hälfte abbricht, um einfach ganz egoistisch seinen Träumereien und Phantasien nachzuhängen. Solche Eigenschaften machen einen Menschen unbrauchbar für alle möglichen anderen Dinge. Solch ein Mensch kann niemals Feuerwehrmann oder Direktor sein, selbst ein verträumter Straßenfeger wäre ein Unding. Wozu für den Schriftsteller die große Lebensschau. Er sieht nur einen schmalen Dämmerstreif (...), das Übrige reimt er sich selbst zusammen."

Was also liegt daran, wer spricht? Wozu muss überhaupt gesprochen werden? Die letzte Geschichte des Abends, der mein Vortrag seinen Titel verdankt, stammt aus den Schweizer Alpen und verdankt sich nicht dem Nachdenken, sondern reinster und schönster Praxis. Sie erzählt von zwei Brüdern, von denen der ältere den jüngeren überredet, aus einer Alphütte einen vergessenen Melkschemel zu holen, den er, natürlich mit Absicht, dort oben zurückgelassen hat, wohl wissend, dass ein Dämon, ein Gespenst darauf sitzt. Er will, wir ahnen es, den kleinen Bruder loswerden und ködert ihn mit dem Versprechen, ihm für den Fall, er kehre mit dem Schemel zurück, die *rote Kuh* zum Geschenk zu machen, die der jüngere Bruder besonders liebt. Aber, so leitet er seinen Bruder an, bevor dieser sich nichts ahnend auf den Weg macht: „Du darfst während der ganzen Zeit weder singen, noch beten, noch lesen, noch das Kreuzzeichen machen."

Der jüngere Bruder „machte sich mutig auf den Weg nach Oberalp. (...) Vor sich her pfiff er das St. Johannesevangelium. Das hatte der übel gesinnte Bruder zu verbieten vergessen. Wie er die einsame Hütte betrat, sass (...) auf dem vermissten Melkstuhl ein Ungeheuer. (...) Wütend rennt das Gespenst in eine Ecke der Alphütte, zerrt zwei große Steine aus der Mauer, zerreibt sie zwischen seinen Pratzen zu Staub und Asche und brüllt mit vor Wut bebender Stimme (ich übersetze ins Hochdeutsche): ‚Wenn du das Hänsli (das Johannesevangelium) nicht auf der Zunge hättest, würde ich dich zerreiben wie die Steine!' Aber bald verrauchte seine Wut; sein Zorn legte sich, und es fing an, ganz manierlich zu werden."

In der Folge erklärt das Ungeheuer dem jüngeren Bruder die Spielarten des Milchkochens: Verschüttet ein Älpler aus Versehen die Milch, aber tröstet dabei die armen Seelen, so bleibt die Milch weiß. Unterlässt er, die armen Seelen zu trösten, wird die Milch gelb. Wenn er dabei flucht, wird die Milch schwarz. „Nach dieser Predigt stand der Bursche auf, ging fröhlich mit dem Melkstuhl bergab und übergab ihn dem Senn. (...) Als der Bruder die rote Kuh forderte, verweigerte er sie kurzweg. Aber wohl! Das Gespenst (...) erschien droben auf dem Egg und rief nicht lieblich: ‚Willst du das Versprechen halten, so ist's wohl und gut! Wenn nicht, so werde ich selber hinunterkommen und Ordnung schaffen!' Das wirkte. Der wackere Junge erhielt den versprochenen Lohn."

Auch wenn es auf den ersten Blick um nichts als eine rote Kuh geht, bringt der Text so kurz wie bündig alles ins Spiel, wovon ich hier zu sprechen versucht habe. Es geht um Autorität und Auftrag, um Wünsche und Unterwerfung, allem voran aber um den Kanon großer Beschwörungsformeln und die höchst verschiedenartigen Möglichkeiten seiner Interpretation, die, ohne die Autorität selbst in Frage zu stellen, jederzeit das Unterlaufen autoritärer Verbote, die einem Todesurteil gleichkommen, möglich macht. Der Bruder, der Henker, hat nämlich die Rechnung ohne das Pfeifen gemacht, das, rein physikalisch gesprochen, nichts als die Erzeugung von Tönen mithilfe von Luft ist, die durch einen Hohlraum mit einer kleinen Öffnung strömt und dort Turbulenzen erzeugt.

Im *Handbuch des deutschen Aberglaubens* lässt sich nachlesen, dass diese Erzeugung von Turbulenzen kein Einzelfall ist. Die Folklore ist voll von Gestalten, die das Verbot des Sprechens nicht in Verlegenheit bringt, weil ihnen das Pfeifen womöglich geläufiger ist als das Sprechen und der kreative Pakt mit der Autorität näher liegt als die Befreiung davon. Darin sind Bergler offensichtlich Schriftstellern ähnlich. Allerdings ist das Pfeifen im Volksmund mindestens ebenso negativ besetzt wie der Eigensinn. Wer pfeift – heißt es –, steht nicht mit Gott, sondern mit dem Teufel im Bund, Frauen, die pfeifen, wächst in der Regel ein Schnurrbart und „Frauen, die pfeifen und Hühnern, die krähen, soll man beizeiten den

Hals umdrehen!", sagt das Sprichwort. In einer anderen Schweizer Sage, *Die Wasserfrauen in der Roblosen*, verliert ein Jüngling nach dem Kirchgang und dem Absingen von Marienliedern die Fähigkeit, das weit schönere Lied der Wasserfrauen zu singen, er kann es nur noch pfeifen, bis es schließlich für immer aus seinem Gedächtnis verschwindet.

Dieser Geschichte, wie der Geschichte des Pfeifens insgesamt, wäre ein eigener Text mit dem Titel *Wie man gegen die Norm pfeift* zu widmen. Er wäre zugleich eine Hommage an das Ungeheuer, das hinter den Tönen die Worte erkennt, so wie es vermutlich auch in der Lage wäre, auf Anhieb zu entziffern, was uns Jesus damals in den Sand schrieb. Denn wir fürchten das Ungeheuer nicht deshalb, weil es physisch bedrohlich ist, sondern weil es mehr weiß als wir und mit der Ordnung der Dinge von Grund auf vertraut ist, weshalb es am Ende das Ungeheuer ist, das für Gerechtigkeit sorgt. Hingegen wusste keiner der von mir im letzten Jahr befragten Schweizer, nach welcher Melodie man das Johannesevangelium pfeift, was weniger gegen ihr Gedächtnis und ihren Kunstverstand spricht als dafür, dass sie vermutlich besser als andere wissen, wie man Geheimnisse hütet.

VII. Und schrieb in den Sand

„Eines Morgens im Spätsommer 1930 entdeckten der Besitzer und mehrere Gäste des Hotels Union in Crestcrego, Texas, zu ihrem Ärger, dass auf der Löschunterlage des Hotelschreibtisches frischgeschriebene Bibelsprüche prangten. Zwei Tage später wurden die Gäste in McCarthys Gasthof in Usquepaw, im selben Staat, auf die gleiche Weise gereizt. (...) Am selben Abend ging ein junger Mann an der Baptistenkirche der Stadt vorbei, und da er sah, dass soeben der alljährliche Bibelfragen-Wettbewerb stattfand, zahlte er seine fünfzehn Cent, suchte sich einen Platz an der Wand und gewann den ersten Preis, wobei er sich besonders durch die Stammtafel König Davids hervortat."

So beginnt ein Roman von Thornton Wilder aus den 1930er Jahren mit dem schönen Titel *Dem Himmel bin ich auserkoren*. Meines Wissens einer der wenigen Romane des 20. Jahrhunderts, die sich erlauben, einen Fundamentalisten zu ihrem favorisierten Protagonisten zu machen. Doch auch diese Geschichte, wir ahnen es alle, geht nicht so aus, wie sie möchte: George Marvin Brush, im Hauptberuf reisender Vertreter in Schulbüchern der Mathematik, im Nebenamt unermüdlicher Missionar im Dienst seines HERRN, steckt in der Folge mehr Prügel als Preise ein, weil er den Mund einfach zu voll nimmt. Das weiß er übrigens selbst: „Ich rede viel zu viel", flüsterte er vor sich hin. „Darauf muss ich achten. Ich rede viel zu viel!"

Auch Schriftsteller neigen dazu, viel zu reden. Manchmal auch dann, wenn es um Literatur und Religion geht, um jenes Minenfeld von Bekenntnissen also, dem sie bekanntlich mit begründeter Vorsicht und mit Ausweichmanövern begegnen, mit einer vorgetäuschten Bescheidenheit, die sich gelegentlich durchaus als Anmaßung entpuppt und in der Regel nichts als der leise Versuch ist, sich wenigstens kurzfristig aus der Affäre zu ziehen.

Von einer solchen Affäre berichtet auch jenes Evangelium von Jesus und der Ehebrecherin, dem ich die scheinbar wortlose jesuanische Geste entnehme, mit der Jesus sich kurzfristig der Debatte entzieht und, anstatt über Schuld und Gesetz zu sprechen, in den Sand, auf die Erde, in den Staub schreibt; eine Geste, die mich seit meiner Kindheit beschäftigt, ein Rätsel, das nicht zu lösen ist, ein Geheimnis, das sich nicht lüften lässt, ein Urteil, das nicht zu fällen ist; ein Bild, das nachhaltig zu Spekulationen verführt.

Denn auch Jesus versucht, sich sprichwörtlich aus der Affäre zu ziehen, aber, und das ist entscheidend, nicht argumentierend, nicht durch das Wort, sondern zeichnend, durch ein Zeichen also, denn: „Er schrieb in den Sand", oder, etwas weniger poetisch: „auf die Erde", oder, metaphysisch aufgeladen, „in den Staub", aus dem wir nicht nur gemacht sind, sondern zu dem wir beizeiten auch wieder werden müssen.

Wer dem Wortlaut des Textes folgt, mag einwenden, Jesus habe nicht gezeichnet, sondern tatsächlich „geschrieben", doch was immer er dort geschrieben hat; lässt sich als lesbare Botschaft nicht dingfest machen. Das schreibende Zeichnen oder das zeichnende Schreiben, ein durch und durch physischer Akt, öffnet einen eigenartigen Raum der Zeitverschiebung und Zeitgewinnung, es ermöglicht Nachdenken und Aufschub und bildet zugleich, gerade durch seine Vagheit, genau jenen Zwischenraum aus, in dem sich, zwischen geschriebener und gesprochener Sprache, wenigstens kurzfristig ein Drittes Raum schaffen kann, nämlich das Schweigen.

Ein Schweigen, das allerdings nichts mit Stummsein zu tun hat, nichts mit der Unfähigkeit zu sprechen, sich zu artikulieren, sondern im Gegenteil mit der Fähigkeit, kurzfristig auf das Wort zu verzichten und sich ganz auf die Geste zu verlassen. Das ist entscheidend im Zusammenhang mit einer Auffassung von Religion und Literatur, die sich mehrheitlich auf Texte beruft, sich also durch Sprache definieren und beglaubigen will und damit durch und durch exegetisch orientiert ist.

Aber nicht jedes Zeichen lässt sich auslegen oder erklären, es wirkt, wie nicht nur die Bibel beweist, sondern ebenso die ihr folgenden Märchen, Sagen und Legenden, auf eine so wortlose wie nachhaltige Weise, es entzieht sich dem Wort. Und doch ist es, paradox genug, immer wieder das Wort, und besonders das bemerkenswert bildreiche Sprichwort, das die Wirkung des Zeichens zur Darstellung bringt, indem es von ihm erzählt, es also durch

Sprache sichtbar macht. Schweigen ist immer Herausforderung und Verweigerung, Not und Provokation zugleich. Wer willentlich schweigt, entzieht sich dem vereinbarten Sprachverkehr unter den Menschen und macht sich, bei aller Souveränität, verdächtig; so auch der in den Sand, auf die Erde schreibende zeichnende Jesus.

Erinnern wir uns an das rote Seil: Unsere Mutter las vor, wir zeichneten mit, während unser Vater für das Kaspertheater zuständig war, in dem Texte und Bilder in Szene gesetzt wurden; von akademischer Exegese war erst später die Rede, als meine Mutter ein Fernstudium der Theologie aufnahm, um Religionslehrerin zu werden.

Meine ersten Erinnerungen an die Bibel sind also, vom Alten bis zum Neuen Testament, nicht nur durchweg mündlich, sondern auch durchweg bebildert: eine unmittelbare, intuitive und unzensierte Umsetzung vom Wort in die Zeichnung, also wahrhaft phantastisch, was, der bildungssprachlichen Definition aus dem Duden folgend, bedeutet: „Von Illusionen, unerfüllbaren Wunschbildern, oft unklaren Vorstellungen oder Gedanken beherrscht, außerhalb der Wirklichkeit oder im Widerspruch zu ihr stehend"; die Umgangssprache dagegen kommt den Tatsachen näher, wenn sie das Phantastische mit „großartig, begeisternd, unglaublich und ungeheuerlich" übersetzt.

Von diesen großartigen, begeisternden, unglaublichen und ungeheuerlichen Geschichten ernähre ich mich in meinem Umgang mit Religion und Literatur bis heute.

Das ist, jedenfalls was das Wort betrifft, unter Umständen leichtfertig, also ziemlich katholisch. Das Bild zieht gleich mit der Schrift und die Schrift mit dem Bild, mit der Geste, dem Zeichen, die Innenwelt mit der Außenwelt, die gesprochene mit der geschriebenen Sprache, das Gespräch (um das inflationär gebrauchte Wort Dialog an dieser Stelle kurzfristig zu vermeiden) mit dem Text und der Text mit der Rede über den Text, der sich seinerseits in eine Handlung verwandelt, in ein neu erzähltes, belebtes Wort.

Alles ist und bleibt in Bewegung und steht auf dem Prüfstand; zumal für ein Kind, das, noch bevor es lesen und schreiben konnte, bereits jahrelang in die Kirche ging und das Wort von oben geliefert bekam. Das meiste davon war ziemlich unverständlich, manchmal bedrohlich, doch dadurch bloß umso magischer, zumal die meiste Zeit Musik mit im Spiel war, die die Worte ihrem eigenen Rhythmus und Klang unterwarf. Eine phantastische Batterie, aufgeladen mit Bildern, Texten und Tönen, von denen ich als Schriftstellerin bis heute zehre und ohne die die meisten meiner Texte nicht denkbar sind.

Mein Debüt, *Picknick der Friseure,* ist allem voran ein Buch der Bilder und Gesten, in dem tatsächlich mehr geschwiegen als gesprochen wird und in dem sich das meiste aus der Handlung erklärt. Ein Buch der Zeichen und Requisiten und nebenbei übrigens, jenseits der dort verhandelten Grausamkeiten des Alltags, auch eines der Wunder; denn bei Hoppe kommt tatsächlich niemand zu Tode, selbst dann nicht, wenn er beerdigt wird. Hin und wie-

der erlaubt sich die Autorin sogar die schöpferische Anmaßung einer Auferstehung. *Picknick der Friseure* ist ein
Buch auf der Schwelle, voller Gegenbewegungen zwischen
Innen- und Außenwelt, voller Texte, die in gleichnishaf-
ter Form von der Sehnsucht nach Aufbruch erzählen, von
einem Aufbruch, der allerdings nur selten gelingt. In der
Geschichte *Das Refektorium* schafft es die Protagonistin
immerhin bis auf ein Kreuzfahrtschiff und beginnt ihren
Reisebericht überraschend wie folgt:

„Seit drei Tagen vernehme ich eine vorbetende Stimme
im Speisesaal, obwohl der Stewart mir glaubhaft versichert
hat, dass sich keine Vertreter religiöser Gemeinschaften
an Bord befinden. Aber sobald ich meinen angestamm-
ten Platz bei Tisch eingenommen habe, erhebt sich aus
der hinteren rechten Ecke ein Murmeln von Versen, die
mir bekannt vorkommen. Sofort möchte ich mitsprechen,
aber ich bewege nur unbestimmt die Lippen und halte den
Kopf gesenkt, weil ich nicht die Aufmerksamkeit der Mit-
reisenden erregen möchte. (...) Es scheint aber, dass der
Vortrag nur mir zu Gehör gebracht wird. Die anderen Passagiere setzten unbekümmert ihre Gespräche fort, während
sie lustlos auf ihren Tellern herumstochern."

Die Reisende vertraut sich dem Stewart an, doch der
hält sich bedeckt, denn „die Stimmen im Speisesaal reden
nicht in menschlichen Zungen." Im Übrigen teilt sie ihren
Tisch im Refektorium mit einem blinden jungen Mann
und einer alternden Diva, die allerdings nicht mehr zum
Essen erscheint, da sie sich längst zum Sterben in ihre Kabine zurückgezogen hat: „Auf ihre Abwesenheit bei Tisch

möchten wir nicht verzichten, aber was wird sein, wenn sie eines Tages nicht mehr unter uns ist, um uns durch ihr Schweigen zu beglücken?"

Die machtvolle Präsenz und die Kraft des Schweigens, selbst angesichts des nahenden Todes, kommt auch in der Geschichte *Am Zoll* zum Tragen, in der ein Onkel, der Zöllner, die Reisenden noch an der Grenze von ihren Reisen abzuhalten versucht. „Aber jetzt starb unser Onkel, und wir trugen unsere Stühle hinauf in ein Zimmer, das wir seit Jahren nicht mehr betreten haben." Doch der Onkel wird bis zum Schluss nicht sprechen, er überlässt die Überlieferung seiner geheimnisvollen Lebensgeschichte den windigen Spekulanten der Literatur, jenen also, die nach ihm kommen und vermutlich das meiste falsch erzählen; das dürfte nicht nur Chronisten, sondern auch Bibellesern und Exegeten bekannt vorkommen.

1997 unternahm ich einen ersten Versuch, meine Literatur an der Wirklichkeit zu überprüfen, allerdings nicht auf einer Kreuzfahrt, sondern auf einem Containerschiff, auf dem ich in vier Monaten von Hamburg nach Hamburg um die Welt fuhr und danach meinen ersten Roman, *Pigafetta*, schrieb. In *Pigafetta* ist es der stotternde Schiffsmechaniker Nobell, der mit den Worten und Wörtern auf Kriegsfuß steht und sich deshalb ins Schweigen und Trinken zurückzieht. Besonders beredt ist das nicht, dafür aber hochgradig zeichenhaft, wenn er sein Glas in die Flut wirft, das „zu meinem Erstaunen deutlich hörbar unten aufschlug."

Nirgends ist das Schweigen gegenwärtiger als auf hoher See; das viel zitierte Seemannsgarn ist eine Erfindung der Festländer, denn nichts verführt mehr zu einer Verhandlung metaphysischer Fragen als die Seefahrt. Das Schiff gleicht einer ozeanischen Einsiedelei, die Kabinen, „Kammern im Wasser", engen Mönchszellen; die Elemente sind übermächtig und lassen den Seemann verstummen: Denn „als ich anfangen wollte, über die Schönheit zu reden, (...) legte mir der Kapitän einen Finger fest auf die Lippen, weil er wie jeder Seemann weiß, dass das Meer nicht auf Beifall angewiesen ist."

Der stotternde Nobell bezeichnet die „Zahlenden Gäste" immer wieder als „Staubgeborene", jene vagen Gestalten aus jenem undurchsichtigen Material, in das Jesus seine Botschaften schreibt. Aber auf den Meeren der Welt wird nicht gesprochen und in den Sand geschrieben schon gar nicht, sondern lautstark befohlen, bestenfalls gepredigt: „Da hob der Klempner plötzlich den Kopf, schlug mit der Hand auf den Tisch und schrie die schöne und einfache Predigt der Klempner gegen das Heimweh und die Seekrankheit im Auge des Sturms: TRAVAILLEZ ET MANGEZ! Der Mensch braucht einen Glauben und auf neun Meter hohen Wellen, was nicht hoch ist, rohe Eier auf Fleisch. Beim Schneiden der Zwiebel beginnen die Augen zu tränen, der Blick trübt sich, und man hört langsam auf, sich an Landschaften zu erinnern."

In *Pigafetta* findet sich eine Fülle biblischer Motive, die sich wie von selbst in den Roman einer Schriftstellerin hineingeschmuggelt haben, die 1997 noch gar nicht wusste, dass sie womöglich *katholisch* schreibt. Doch bereits die Relecture der knappen Kapitelüberschriften zeigt deutlich, woher der literarische Wind weht: *Gebete, Gesang, Erdbewohner, Tod durch Verschwinden, Vorbereitungen zur Taufe, Staub, Salz, Seemannssonntage, Zungen, Missionare* und *Heimkehr*, um nur einige wenige zu nennen. Ganz zu schweigen von den Anspielungen auf die *Arche Noah*, die völlig absichtslos in den Text gerieten und die, wie Schullesungen beweisen, heute nur noch selten verstanden werden.

Das ist nicht unbedeutend, sondern spätestens dann von Interesse, wenn es um die Auslegung des Textes selbst geht, um die Spekulationen über seine Machart; doch *Pigafetta* ist alles andere als ausgeklügelt, sondern im Gegenteil nicht mehr und nicht weniger als das verspätete Logbuch einer katholischen Kindheit, die erst 30 Jahre später, auf eben jener Schiffsreise, in eine literarische Bewegung zwischen mündlicher Erinnerung und schriftlicher Beglaubigung gerät, die mit bewusster Motivarbeit wenig zu tun hat. Fast bin ich geneigt zu behaupten, jener Text sei, wenn nicht in Sand, so doch auf Wasser geschrieben, auf jenen beweglichen Untergrund, der Erkenntnis mit literarischen Mitteln freisetzt.

Die Figuren schwimmen sich frei, was zu der so zweifelhaften wie sprichwörtlichen Erkenntnis führt: „Wer schwimmen kann, kommt nur langsamer um!" Aber selbst kurz vor ihrem Ertrinken wollen die Figuren noch immer nicht sprechen, obwohl sie ständig darum bitten, gehört zu werden. Das Grundmuster der Anrufung ist im Text allgegenwärtig. Es sind die Sinnesorgane, allem voran die Ohren, die in *Pigafetta* eine prominente Rolle spielen, hat doch der Generalkapitän (Magellan) beschlossen, nach Inseln zu suchen, auf denen „Zwerge mit großen Ohren leben, deren eines ihnen als Bett, das andere aber zur Decke dient."

Einzig die urmenschliche Angst, am Ende doch nicht gehört zu werden, will nicht verstummen; so heißt es im letzten Kapitel: „Aber hörst du mir zu?" „Ja, ich höre dir zu, nur dass du das wieder verwechselst, denn das Schiff liegt ganz fest, es sind ja wir selbst, die durch das Wasser dahintreiben, festgeklammert an einem leer getrunkenen Fass, in dem kein Platz für uns beide ist. Also wird einer von uns unterwegs ertrinken, und zwar derjenige, der immer noch nicht weiß, wie man die Hände faltet und Arme und Beine öffnet und schließt, bis wir die rettende Straße erreicht haben. Vergiss das, du redest ja (...) wie unser Bischof, es ist nichts als ein Ausflug, in ein paar Stunden sind wir wieder zurück."

Pigafetta ist ein programmatischer Anrufungstext für bis heute Daheimgebliebene und Stotterer, der uns an *Das aufgespannte Ohr Gottes* erinnert, in dem es um das Erlebnis der ersten Beichte geht, um die Möglichkeit, außerhalb enger familiärer Beziehungen Kontakt zu einer höheren Instanz aufzunehmen; doch auch das ist mit Schwierigkeiten verbunden: „Endlich möchten wir reden, (...) aber bevor wir dazu kommen zu lügen, fallen wir nach hinten gegen die dünnen Wände, und die Wörter rieseln aus unseren Mündern wie Sand und wie Salz. (...) Im Traum sprechen wir gern wie ein Wasserfall und werden euch alles verraten."

Schlaf, Traum, und nicht zuletzt auch die kleinen menschlichen Lügen, sind Schwestern des Schweigens, denn der Schlaf des Menschen ist sprichwörtlich heilig; auch davon singt die Bibel ein Lied, genau wie der viel verachtete Volksmund, wenn er behauptet, wer schlafe, sündige nicht. Während ich dies schreibe, steht vor mir auf dem Schreibtisch meiner Walliser Einsiedelei eine Karte mit dem Titel *Seesturm*, die, hinter dem angestrengt rudernden Petrus, dem vermeintlichen Fels in der Brandung, den auf dem Meer tief schlafenden Jesus zeigt, was der schreibende Freund folgendermaßen kommentiert: „Hier sieht man uns in mannigfacher Gestalt in See stechen, auf dem kleinen Meer des neuen Jahres, und sehen, dass der Steuermann zurückblickt und der Kapitän schläft. Das soll uns Trost und Ansporn sein."

Religion, so behaupte ich, ist in erster Linie nicht Auslegung, sondern Trost, Ansporn und Anruf, nicht Wissenschaft, sondern gelebte Praxis, nicht Formulierung, sondern Gebet, vermutlich ein kurzes Stoßgebet, das mit ernsthafter Lyrik wenig zu tun hat, umso mehr dafür mit dem Wunsch nach einem hörenden Gegenüber, das, im günstigsten Fall, dem staubgeborenen Gast auf Erden vielleicht sogar eine Antwort gibt, auf die er in der Regel ziemlich lange wartet. Denn auch sein Gebet bedarf der Vermittlung, denn der Raum, in den hinein wir schreibend und lesend sprechen und lauschen, ist zwar riesig und offen, aber nicht ohne Not zu haben; ohne jemanden, der uns hört, wäre er wüst und leer wie vor dem ersten Schöpfungstag. Denn die Botschaft von einer *L'art pour l'art*, einer reinen Kunst um der Kunst willen, hat mich seit jeher irritiert. Meine Kunst und mein eigenes Schreiben speist sich, bei aller scheinbaren Kompliziertheit und vermeintlichen Selbstbezüglichkeit, von Anfang an aus der Mündlichkeit und sucht, auch in der niedergeschriebenen Erzählung, jederzeit die Begegnung, das Gegenüber, den Leser.

Dabei stößt es immer wieder an natürliche Grenzen. Spätestens in meinem dritten Buch, dem Roman *Paradiese, Übersee*, in dem sich ein Ritter und ein Pauschalist einmal mehr auf Reisen begeben, wird offenkundig, wie sehr die erlebte und die intellektuell gedeutete Welt auf der Lebensreise auseinanderfallen. Während der *Kleine Baedeker* als Reiseführer „ohne Schulabschluss" die Touristen durch das erzkatholische Luxemburg führt und dabei versucht, ihnen die alten Bären der Tradition aufzubinden, ist sein Bruder, der *Pauschalist*, als Forschungsreisender weit weg von der Heimat in Übersee unterwegs, um dort die Welt mit anderen Mitteln zu erkunden.

Er tut dies in erster Linie vermittels des Zweifels, denn „das liebt er, die Dinge in ihrem Kern in Zweifel zu ziehen, bis am Ende nichts übrigbleibt als der Zweifel, bis man glaubt, falls er weiterspräche, würde sogar das Geschirr vom Tisch verschwinden. Und nicht nur das Geschirr (...), sondern, was schlimmer ist, auch mein Hund, der Munter heißt, weil er Feuerholz stapeln, Nüsse knacken und andere Kunststücke aufführen kann und das Gerede meines Bruders nicht länger erträgt".

Und, wenig später: „Man muss das natürlich beherrschen, diese Kraft der Negation. Ich liebe die Nüsse, mein Bruder dagegen die Schalen, die schöne Form, die Verneinung der Dinge, die Entschiedenheit zwischen dem einen Nichts und dem nächsten. Auch das braucht Mut und eine Art von Einbildungskraft. Obwohl ich das nicht gern zugebe, denn zwischen meinem Bruder und mir herrscht seit Jahren ein Wettstreit. Ich kämpfe hier, er in der Fremde (...)."

Bei Licht besehen handelt es sich in *Paradiese, Übersee* um ein Stück Missionsgeschichte, in dem der Kleine Baedeker als Praktiker auftritt, sein Bruder dagegen als akademisch ambitionierter Ästhet, der eine der Mündlichkeit, der andere der Schriftlichkeit verhaftet. Doch kommen beide, die Literatur nicht weniger als die Wissenschaft, an die Grenzen ihrer jeweiligen Erkenntnismöglichkeiten; denn es gelingt weder dem Forscher noch dem Erzähler, die Welt auch nur annähernd auszuloten; sie schreiben beide gleichermaßen brüderlich in den Sand, denn „niemand kennt die Zeitrechnung versunkener Glocken, niemand kann begreifen, warum sie überhaupt noch schlagen sollten, wie soll ich da ihren Klang beschreiben? Denn auch das müssen Sie wissen, es ist kein Läuten, sondern eher ein Seufzen, und nicht jedem ist es gegeben, das Schluchzen aus dem Untergrund zu vernehmen. Der eine hört es, der andere nicht."

Womit wir, einmal mehr, bei den Ohren und bei der heiklen Frage nach der Begabung sind. Begabung ist ein Geschenk, der Gnade nicht unverwandt, mithin alles andere als persönliche Leistung oder Verdienst: Der eine hört es, der andere nicht. Doch der Kleine Baedeker, zweifellos ein Alter Ego von Felicitas Hoppe, vertraut nach wir vor auf die alten Geschichten der katholischen Heiligen, denen die Schriftstellerin Selma Lagerlöf in ihrem Erstlingswerk *Gösta Berling* ein so beeindruckendes wie berührendes Denkmal gesetzt hat:

„Da die Bauern von Svartsjö nicht mehr für die Farbe ihrer Mäntel und die Vergoldung ihrer Kronen aufkommen wollten, ließen sie zu, dass Graf Dohna sie hinaustrug und in den bodenlosen Tiefen des Löwen versenkte. (...) Ich dachte an dieses Boot mit seiner Fracht aus Heiligen, das an einem stillen Sommerabend über die Fläche des Löwen glitt. Der Bursche, der ruderte, tat dies langsam und warf scheue Blicke auf die seltsamen Passagiere, die im Bug und achtern lagen, aber Graf Dohna (...) fürchtete sich nicht. Er packte höchstpersönlich eine Statue nach der anderen und warf sie ins Wasser. Seine Stirn war glatt, und er atmete tief durch. Er fühlte sich wie ein Vorkämpfer für die evangelische Lehre. Und es geschah kein Wunder zu Ehren der alten Heiligen. Stumm und mutlos versanken sie in ihrer Vernichtung."

Lagerlöf berichtet weiter: „Jedenfalls war die Kirche von Svartsjö am nächsten Sonntagmorgen glänzend weiß. Keine Bilder störten mehr die Ruhe innerer Betrachtung. Nur mit den Augen der Seele sollten die

Frommen die Herrlichkeit des Himmels und die Antlitze der Heiligen schauen. Die Gebete der Menschen sollten auf eigenen, starken Flügeln den Höchsten erreichen. Nie wieder werden sie sich an den Saum der Heiligen klammern. (...) Grün ist die Erde, die geliebte Heimat des Menschen, blau ist der Himmel, das Ziel seiner Sehnsucht. Die Welt erstrahlt in Farben. Warum ist die Kirche weiß? Weiß wie der Winter, nackt wie die Armut, bleich wie die Furcht! Sie glitzert nicht vom Rauhreif wie ein winterlicher Wald. Sie strahlt nicht in Perlen und Spitzen wie eine Braut in Weiß. Die Kirche trägt kalte, weiße Leimfarbe, ohne ein Standbild, ohne ein Gemälde."

Doch die Heiligen begehren auf, denn „sie lieben das eintönige Plätschern der Wellen nicht. Sie sind Kirchenlieder und Gebete gewohnt. (...) Deshalb sind sie ihrem feuchten Grab entstiegen und halten für alle Anwesenden wiedererkennbar Einzug in die Kirche. Dort geht Olaf der Heilige mit der Krone um den Hut und Erik der Heilige mit den Goldblumen auf dem Gewand und der graue St. Georg und St. Christophorus."

Am Ende sind es die Geschichten der alten Heiligen, es ist die gesprochene Sprache, die den Pauschalisten aus seinem Wahnsinn befreit, weil der Kleine Baedeker, der sich „nicht in seiner Furcht einrichten wollte", nicht aufhört, sie immer wieder von vorn zu erzählen; und doch bleibt der Pauschalist bis zum Schluss fest davon überzeugt, „dass wir in nichts als einem heiligen Irrtum befangen sind", wenn wir leichtgläubig immer „der Nase nach" wandern, einem

Gesicht entgegen, „das einer Mondlandschaft gleicht. Wie ja alle Gesichter im Angesicht Gottes nichts als entleerte Mondlandschaften sind."

Beim Schreiben denke ich weder religiös noch wissenschaftlich, schon gar nicht an Botschaften; niemals wäre ich auf die Idee gekommen, mich als katholische Schriftstellerin zu bezeichnen. Es ist immer die Außenwelt, die Attribute vergibt, die uns Gruppen und Ordnungen zuweist, mit denen wir zwar verbunden sind, denen wir uns aber niemals persönlich zuschlagen würden.

Denn „die Ordnung von Fakten bringt die Menschheit wenig voran in ihrem sturen Verhältnis zur Welt", heißt es in Hoppes *Verbrecher und Versager*, in einem Porträt über den Naturforscher Franz Wilhelm Junghuhn, der übrigens in derselben thüringischen Stadt Mansfeld zur Schule ging wie Luther, über den es im selben Porträt heißt: „Als wäre dieser Luther gereist, als wäre er durch die Welt gekommen, als hätte er jemals Vulkane bestiegen und wie Junghuhn seinen Gott in der Asche gesucht."

Womit wir wieder beim Staub wären. Und einmal mehr bei dem heiklen Verhältnis zwischen Innenwelt und Außenwelt, zwischen Erlebnis und Exegese, zwischen der kühnen Expedition und der reinen Erkenntnis, die das Reisen und das Ausland seit jeher heimlich verachtet und die Erkenntnis in der Auslegung geschriebener Sprache sucht. Denn Reisegeschichten sind windig, genauso windig wie die Geschichten der Heiligen, von denen nicht wenige gleichfalls ständig auf Reisen waren.

Auch das ist erkenntnisreich in Bezug auf das wankelmütige Verhältnis von Religion und Literatur zu einer Theologie, die die Literatur allzu gerne über ihren eigenen Leisten schlüge, um durch die Hintertür davon zu profitieren. Doch auch die Literatur ist jederzeit auf Profit aus, auch sie lechzt nach Mehrwert, kanonischer Bedeutung und Anerkennung und freut sich über jeden noch so faulen Freundschaftsbeweis. Doch die Freundschaft lässt sich nur scheinbar schließen, es herrscht bis zum Schluss eine fragwürdige Bruderschaft zwischen dem Kleinen Baedeker und seinem Bruder, dem Pauschalisten, der, wie jeder gute und ernsthafte Wissenschaftler, dem Fabulieren zutiefst misstraut.

Nicht anders als Luther selbst, dessen Schlachtruf *Sola Scriptura* lautet, obwohl er selbst ein Meister des Tischgesprächs war. Doch ein Heiliger ist aus ihm (noch) nicht geworden, obwohl er – wie in *Der doppelte Martin* bereits erwähnt – nach einem meiner Lieblingsheiligen benannt ist, dem berühmten Bischof von Tours, der genauso mit dem Teufel zu kämpfen hatte und seinen Mantel mit einem Bettler geteilt haben soll, frei, um nicht zu sagen sprichwörtlich nach Hoppe in *Hoppe*: „Durch Tun zum Tun!"

Bereits fünfzig Jahre vor Luthers Geburt betrat bekanntlich eine andere und trotz ihrer Heiligsprechung nicht weniger unheilige Gestalt die Bühne zwischen Fakt und Fiktion, ausnahmsweise eine Frau, die sich gleichfalls auf Martin von Tours berief, wenn sie mit dem lauten Schlachtruf „*Par mon Martin*" gegen die Engländer in den

Krieg zog. Die Rede ist einmal mehr von Jeanne d'Arc, der heiligen Johanna, über die ich einen Roman schrieb, der folgendermaßen beginnt:

„Damen und Herren, was bleibt, ist ein Rätsel. Was ist das? Schwimmt wie ein Fisch, heult wie ein Hund, fällt auf die Knie wie ein Bettelbruder und feiert sich wie ein französischer König. Das menschliche Herz, ruft Peitsche, der alles verträgt, nur keinen Rauch. Er weiß, dass mir Rätsel zuwider sind, also löst er sie rasch."

Dr. Peitsche ist der vermutlich prominenteste Wissenschaftler in meinem Werk, wie die Erzählerin selbst ein Experte in Sachen Jeanne d'Arc ist und von einem Professor flankiert, der sich, nicht weniger als seine beiden Schüler, an der Jungfrau von Orléans abarbeitet. Ein Text, der sich, von der ersten bis zur letzten Zeile vom jesuanischen Schweigen verabschiedet hat und stattdessen, ganz in der Tradition wissenschaftlicher Mündlichkeit, in eine endlose Disputation verwandelt.

Man könnte, treffender, auch von einer Gerichtsverhandlung sprechen, von einer Inquisition, in der Fragen auf Antworten stoßen und jede Antwort eine neue Frage hervorbringt. Im Mittelpunkt des Verhörs stehen, das Wort selbst verrät es, natürlich die Ohren, denn Johanna hat *Stimmen* gehört, auf die sie sich bis zum Schluss ihrer traurigen Karriere beruft; es sind also wiederum die Heiligen, die auch in dieser Geschichte auf den Plan treten: die heilige Katharina, die heilige Margareta und der heilige Michael.

Johanna, die Analphabetin, konnte weder lesen noch schreiben; schweigen erst recht nicht. Die fleißigen Schrei-

ber haben das mitgeschrieben und der Nachwelt die berühmten *Protokolle* hinterlassen. Eine rhetorische Meister-
leistung im Streit mit der dogmatischen Theologie, auch
wenn Johanna, im Gegensatz zu ihrem Nachfahren Luther,
am Ende den Kürzeren zieht und bei lebendigem Leib auf
dem Scheiterhaufen verbrannt wird.

„Rhetorische Einfalt!", ruft Doktor Peitsche, denn „wer
kann wirklich von sich behaupten, er regiere sich selbst?
Kein König, kein Richter, kein Bademeister. Kein Lehrer,
kein Schüler, nicht einmal der Bischof. (...) Und erst recht
kein Professor. Was wird unser Professor machen, wenn
er (...) plötzlich feststellen muss, dass Johanna seit jeher
beidhändig schreibt und die Geschichte genauer kennt als
wir?"

Ja, was wird unser Professor aus dieser heiklen Geschichte machen? Am besten „vergessen wir einfach die
Ungeduld und das sinnlose Warten auf Wahrheit, (...) auf
das Jüngste Gericht, das ihn lossprechen wird (...) von Ste-
cken und Dreck und schweren Träumen und einer Schuld,
die nicht seine ist (...), denn die Schuld gehört allen."

Damit sind wir wieder, wo sonst, beim Gesetz, bei der
zwanghaften Auslegung der Schrift. *Johanna* ist ein Text,
der die Tücken schriftlicher Sprache nicht weniger vorführt als die der mündlichen und dabei von seinem le-
senden Gegenüber höchste Aufmerksamkeit und sowohl
rhetorische als auch musikalische Begabung verlangt. Nirgends Schweigen, nirgends Besinnung, die reine Peitsche
der Analyse und der Rechtfertigung.

„Lauter Stimmen, die sich erst in der Tiefe verlieren", wie es im letzten Kapitel heißt, „wenn Peitsche und ich wirklich zu tauchen beginnen, (...) absichtslos, rückfällig und verstockt, bis wir überhaupt nichts mehr sehen und auch nichts mehr hören, weil wir tauchend im siebten Himmel sind, im Zimmer der Angst, von dem wir nicht wussten, dass es gleich hinter der Küche liegt." Doch „jenseits der Küche geht es ums Ganze. Also höchste Zeit, alles zu geben! Und nicht vorschnell die weiße Fahne hissen! (...) Weil wir uns alle nach menschlichen Aufschriften sehnen, die sich im Wasser längst aufgelöst haben." Womit wir wieder beim Sand und bei einer Inschrift sind, die sich einfach nicht festhalten lässt, weil schon der kleinste Windstoß die Botschaft verweht und in den Raum des vagen Zeichens verschiebt.

Das ist keine gute Nachricht, weder für die Literatur noch für die Theologie, weil sie beide bis heute nach wie vor darauf aus sind, bleibende Zeugnisse abzuliefern, genau wie die Schreiber bei Johannas Verhör. Doch in menschlichen Äußerungen über das, was das Menschliche übersteigt, gibt es keine Hierarchien: Die Literatur weiß nicht mehr als die Wissenschaft, die Wissenschaft nicht mehr als die Literatur, und die Literatur nicht mehr als der Volksmund. Sie wissen es jeweils nur anders und drücken es folglich anders aus.

Weshalb am Ende der Reisen durch Hoppes Texte von der *stabilitas loci* die Rede sein soll, von jenem magischen Ort, der das Reisen wenigstens kurzfristig unterbricht und an einem Ort in den Walliser Bergen Halt macht, an dem ich, seit bald zwei Jahrzehnten, schreibend, schweigend und nachdenkend einsiedeln darf und über den ich vor ein paar Jahren eine Erzählung geschrieben habe. Sie trägt den Titel *Der beste Platz der Welt* und behauptet bis heute: „Einsiedeln heißt, einen Platz finden, einen Ort, eine Stelle. Oder wenigstens eine Ecke, etwas, woran beim wiederholten Versuch, im Dunklen doch noch voranzukommen, plötzlich unerwartet der Fuß stößt und Halt sucht, in der Hoffnung, auf eine Schwelle zu stoßen, vielleicht sogar auf eine Stufe nach oben. Man steht also still und holt Luft."

Die Zeit des Wartens aufs Morgenlicht verbringe ich in der Regel nicht sprechender, sondern schweigender und lesender Weise, manchmal mit Sagen aus dem Wallis; eine davon habe ich in diesem Band unter dem Titel *Wie pfeift man das Johannesevangelium?* schon vorgestellt. Einzig das Ungeheuer, das den jüngeren Bruder nur deshalb verschont, weil er den heiligen Text pfeifend zu transponieren vermag, kann hinter den Tönen die Botschaft der Worte und Wörter erkennen, weshalb es vermutlich auch in der Lage gewesen wäre, auf Anhieb zu entziffern, was Jesus mit dem Finger auf die Erde schrieb. Denn wir fürchten das Ungeheuer nicht deshalb, weil es physisch bedrohlich ist, sondern weil es mehr weiß als wir selbst und mit der Ordnung der Dinge von Grund auf vertraut ist; weshalb es am Ende das Ungeheuer ist, das für Gerechtigkeit sorgt.

Der Rest steht im Sand, im Buch der flüchtigen Zukunft, die weder Theologen noch Schriftsteller kennen,

Aufklärer schon gar nicht. Denn das Ungeheuer kocht nach wie vor drei Sorten von Milch; welche davon wir trinken, ist selbstverständlich uns selbst überlassen.

VIII. Fährmann, hol über!

Andere haben Lieblingssänger oder Lieblingsschauspieler. Mir dagegen sind vierzehn heilige Nothelfer näher, denen ich schon seit Jahrzehnten einen Roman widmen möchte, aus dem bis heute allerdings nichts geworden ist. Aus Gründen, die sich verbergen, bin ich nie über Jeanne d'Arc hinausgekommen, obwohl sie, bei Licht besehen, gar keine Heilige ist und auf der Liste meiner persönlichen Nothelfer nicht vorkommt: Zu Jeanne d'Arc etwa kann man nicht beten, man liebt oder hasst sie; im besten Fall bewundert man sie.

Mein Verhältnis zu den Heiligen ist auf fahrlässige Weise unhistorisch und schwankend, also alles andere als ernsthaft theologisch begründet, sondern von alten Bildern grundiert, die mich seit meiner Kindheit begleiten: Bilder, auf denen man meinen Favoriten, Christophorus, häufig als Riese mit Stab sieht, der das Jesuskind (also mich, wen sonst!) auf seinen Schultern über einen gefährlichen Fluss trägt. Die ostkirchliche Tradition stellt Christophorus gern auch hundsköpfig dar.

Dieser heidnische Hundskopf hält sich bis heute, mit großem Abstand, auf Platz eins meiner ganz persönlichen Liste, unmittelbar gefolgt von Sankt Georg und dem heiligen Martin. Auf die Nennung der anderen elf Nothelfer sei an dieser Stelle verzichtet, denn sie wechseln ständig, je nach Not und Bedürfnis, wie das unter Katholiken so üblich ist: Man nimmt, was man braucht, und lässt den Rest kurzfristig links liegen.

Doch während Martin und Georg gern als rettende Ritter und Reiter auftreten, die alte Drachen erschlagen, Jungfrauen retten, sich vor Berufungen, höheren Weihen und schnatternden Gänsen fürchten und von oben herab ihre Mäntel teilen, um sich durch die gute Tat zu veredeln, gibt es bei Christophorus nicht die geringste Spur eines Wunsches, in den Mittelpunkt eines Geschehens zu rücken, das ihm auch nur entfernt eine Bühne verschaffen könnte. Der große Auftritt ist dem heidnischen Riesen fremd. Auf der christlichen Bühne der guten Taten kann er nicht punkten, weil man nicht spielen kann, was man längst ist: der erste und größte Diener von allen.

Eine Rolle, die man sonst kaum einem Heiligen abnimmt. Die meisten Heiligenlegenden sind von einem Ehrgeiz grundiert, der uns verdächtig bekannt vorkommt: Sie begehren gegen ihre Väter auf, stellen sich, wie Franziskus, nackt auf den Marktplatz und sagen sich von ihrer Kirche los, um kurz darauf neue Orden und frische Klöster zu gründen und durch die Hintertür selbst wieder Päpste zu werden. Sie verwandeln ihre Wünsche in Wunder, suchen bevorzugt Wüsten auf und kämpfen mit Teufeln und Dämonen. Der Durchschnittsheilige ist immer auf der Suche nach seinem persönlichen Drama, weil er sich nur zum Schein von der Welt verabschiedet hat.

Nichts davon bei Christophorus, der auf keiner Abbildung allein zu sehen ist, also niemals ohne den, der ihn trägt, weil er – schönstes und größtes Paradox – den, der ihn trägt, selber tragen muss. Er ist der tragende Diener in reinster Figur und verkörpert damit einen Typus, von dem heute selten bis nie die Rede ist. Sein wie Christophorus ist keine Parole. Doch vielleicht gerade deshalb die gebotene Form eines gültigen tätigen Daseins.

Hier seine Legende: Als heidnischer Riese mit Hundskopf geboren, vorläufig auf den Namen Reprobus getauft, wird er mit dem Übermaß seiner Kräfte und seinem Mangel an Eigeninitiative nicht fertig. Mit dem Wunsch, sich trotzdem nützlich zu machen, begibt er sich auf die Suche nach dem mächtigsten Herrn der Welt, um in seine Dienste zu treten. Erste Station: Diener des mächtigsten Königs der Welt, bis er diesen bei seiner Angst vor dem Tod ertappt, an der Macht seines Herrn zu zweifeln beginnt und ihn zu Gunsten eines anderen verlässt.

Zweite Station: Diener des Teufels, der leichtfertig vorgibt, weder den Tod noch sich selbst zu fürchten, sich allerdings vor jedem Kreuz am Wegrand verbirgt und damit das Misstrauen seines Dieners weckt. Der sich daraufhin ein zweites Mal lossagt, weiterwandert und an jenen Fluss kommt, wo ihm ein Einsiedler ein neues Amt anträgt, das der Riese umgehend annimmt.

Dritte Station: Fährmann. Mit einer Hütte am Fluss und einem Stab in der Hand, um die Reisenden sicher ans andere Ufer zu bringen. Parole: *Fährmann, hol über!* Auf den ersten Blick eine einfache Arbeit, wie geschaffen für einen, der stark und hundsköpfig ist und dem das Wasser des Flusses über die Knie nicht hinausreicht. Doch in Wirklichkeit ist er mit Warten beschäftigt, mit der Hoffnung auf einen noch größeren Auftrag, den auch der beste Diener niemals erfüllen kann.

Bis eines Tages plötzlich die Stimme eines Kindes ertönt: *Fährmann, hol über!* Und wie der Fährmann sich wendet, sieht er das winkende Kind und zögert keine Sekunde, es aufzuheben; setzt es sich auf die linke Schulter (ob es nicht doch die rechte war, überlasse ich hier der Kunstwissenschaft!) und trägt es hinein in den Fluss. Doch der vertraute Fluss wird zu einem Gewässer, das den Knien und Schritten des Riesen Widerstand leistet, während das Kind auf seinen Schultern zunehmend schwerer und noch schwerer wird, wie der träge Fluss selbst. Und zum ersten Mal in seinem Leben beginnt der Riese sich wirklich, tatsächlich zu fürchten.

Dass sie trotzdem das andere Ufer erreichen, ist nicht der bildenden Kunst geschuldet, sondern einzig der Kraft und dem Wunsch des Riesen, seine Aufgabe zu einem guten Ende zu bringen. Dass er auch nur einen einzigen Augenblick daran gedacht haben könnte, dabei eine möglichst gute Figur abzugeben, darf aus guten Gründen bezweifelt werden. Denn er war nicht mit sich, sondern mit seiner Sache beschäftigt. Weshalb sich auch die Frage erübrigt, wie der heidnische Hundskopf sich gefühlt haben könnte, als er in der Mitte des Flusses plötzlich daran zu zweifeln begann, ob er das andere Ufer jemals erreichen

würde, weil ihm das Kind auf seinen Schultern plötzlich
bleischwer wird: denn er trägt kein Kind, sondern das Gewicht einer Welt.

Dass Chistophorus das andere Ufer trotzdem erreicht, hat
ihn zu einem der populärsten Heiligen in Raum und Zeit
gemacht, denn als Fährmann muss er für so gut wie alles
herhalten: Er ist der Schutzpatron der Reisenden zu Lande,
zu Wasser und in der Luft, rettet aus jeder Gefahr, tritt als
Patron der Ärzte nicht nur gegen plötzlichen Tod, sondern
auch gegen Pest und Corona an und (für Klimaschützer)
gegen Dürre und Hagelschlag. Doch auch für die Sesshaf-
ten ist er zu haben: Er ist der Schutzpatron der Buchbinder,
Bleicher und Pförtner, verteidigt die Obst- und Gemüse-
händler, schützt die Bogenschützen gegen die Straßenwär-
ter und die Autofahrer vor den Rennradfahrern.

Aber seien wir ehrlich: Welcher Autofahrer weiß wirklich, wer ihn begleitet, wenn er die Plakette von Christophorus in seinem Cockpit befestigt? Und an was denken
die, die ihn im Dom zu Münster bestaunen, wo, so riesig
und überlebensgroß in Stein und in Szene gehauen, sein
Leben mit seinem Bild kaum mehr zur Deckung kommt?

Im Dom zu Münster, aber durchaus nicht nur dort, erscheint der Diener weit größer als sein Dienst, weil das
Kind immer kleiner scheint als sein Träger. Doch wer die
beiden etwas länger betrachtet, wird irgendwann merken,
dass Diener und Herr ein und derselbe sind, weil das Kind
mit der Weltkugel in der Hand nichts anderes ist als der,
der es trägt: Christophorus und sein König sind eins ge-

worden in der gemeinsamen Hoffnung, mit einem letzten FÄHRMANN, HOL ÜBER an einem Ufer zu landen, von dem wir nichts wissen.

Weshalb wir wohl davon ausgehen dürfen, dass der hundsköpfige heidnische Riese auch der Patron aller Fliehenden und Geflüchteten ist, die dieser Tage versuchen, über die Meere zu kommen. Nichts gegen Johanna, die um das alte Europa kämpft, und nichts gegen Georg und Martin, die immer noch Drachen und Mäntel zerteilen. Und auch nichts gegen die restlichen elf, die gegen Zahnschmerzen helfen und uns verlorene Brillen finden lassen. Aber der einzige Schlepper unter den Vierzehn ist und bleibt nun einmal Christophorus, der, sobald er das Kind ans andere Ufer gebracht hat, sich vermutlich kurz vor seinem König verneigen wird, um danach wieder zurück in den Fluss zu steigen und schlicht und einfach seine Arbeit zu machen, weil er dem Ruf des Einzigen folgt, der größer und mächtiger ist als er selbst: FÄHRMANN, HOL ÜBER!

Was Wunder also, dass man zwar nicht in der Kirche, dafür aber bei *Porsche* seinen wahren Warenwert schon vor siebzig Jahren erkannte: Seit 1952 ist das Firmenmagazin *Christophorus* der beste Begleiter eines der schönsten, hellsten und schnellsten Autos der Welt, Vorzug und Patron in einer Person, von dem die meisten *Christophorus*-Abonnenten vermutlich bis heute nichts wissen. Und das ist vielleicht auch ganz gut so: Denn nicht nur Gott, sondern auch seine Heiligen sind bis heute im Verborgenen tätig.

IX. Gliedermann oder Gott

Das Paradies ist bekanntlich wesentlich kleiner als die so genannte wirkliche Welt. Wie jede menschliche Utopie verdankt es seine Beliebtheit der Vorstellung, ein überschaubares umzäuntes Gelände zu sein: Rein ethymologisch betrachtet bezeichnet es jedenfalls nicht mehr als einen von einem Wall umgebenen und von Bäumen flankierten *Hortus Conclusus*, einen gepflegten englischen *Garten Eden* also, in dem, von wehrhaften Engeln bewacht, unschuldige, folglich bewusstlose Menschen mit Schöpfer und Tier in höherer Ordnung und Eintracht leben. Und obenauf vielleicht ein paar nackte Dichter, die diese innige Eintracht fröhlich besingen.

In Wahrheit war schon im ersten Apfel des ersten Gesangs ihrer ersten Erzählung der erste Wurm drin, den die Literatur zur Schlange emporschreiben musste, um ihre Leser darüber hinwegzutäuschen, dass der Mensch seine Schuld gern auf andere schiebt, wenn er versucht, sich die Schöpfung dienstbar zu machen. So kam auch das Feigenblatt in die Sprache, diese schöne Metapher für einen Tatbestand, den zu verbergen ihr erster und vornehmster Dienst ist. Denn die Krone der Schöpfung trägt der Mensch nur zum Schein.

Als Kinder spielten wir oft Paradies, mit so begrenzten wie streng verteilten Rollen: Adam und Eva, den lieben Gott, den Apfel, die Schlange. Die begehrteste Rolle war Gabriel, der unberufenen Gästen mit seinem feurigen Schwert den Zutritt zum Garten Gottes verwehrt. Ziel war die Überwindung des schrecklichen Engels und, jenseits der Grenze, der Baum der Erkenntnis, also der Biss in den Apfel, der nur mit einem Wurf von sechs Punkten zu erreichen war. Alles in allem ein ziemlich katholisches Spiel, in dem es nicht um Auslegung, sondern um fröhlichen Wettbewerb ging. Wobei wir vergaßen, dass, wer einmal in den Apfel gebissen hat, nicht gewonnen, sondern verloren hat, weil er niemals zurückkehren darf.

Wir fingen trotzdem immer wieder von vorne an. Denn die Vertreibung aus dem Paradies bleibt eine ständige Kränkung, eine offene Rechnung, die sich, selbst mit Aussicht auf eine Zukunft im Himmelreich, tatsächlich niemals begleichen lässt, weil der Mensch als Buchhalter einer Schöpfung, die er nicht selbst hervorgebracht hat, grundsätzlich in der Hinterhand ist. Dass er sich bis heute nicht damit abfinden kann, ist nicht nur die Schuld der Dichter und Denker, sondern auch der Mathematiker, Physiker und Virologen, die das doppelte Minus aus Erkenntnis und Schuld (das der katholische Volksmund beharrlich unter *Erbsünde* listet) in das Plus der kultivierten Idee von einer behüteten und behütbaren Schöpfung verwandeln, in der endlich ein glückliches Gleichgewicht herrscht.

Über dieses utopische Gleichgewicht hat der dichtende Mathematiker und Experimentalphysiker Heinrich von Kleist schon vor zweihundert Jahren nachgedacht. In seinem Aufsatz *Über das Marionettentheater* verleiht er der kühnen Hoffnung Ausdruck, dass es irgendwann vielleicht doch noch möglich sein werde, durch die Hintertür an einen Ort zu gelangen, den nur menschliches Wünschen erschaffen kann: „So findet sich, wenn die Erkenntnis gleichsam durch ein Unendliches gegangen ist, die Grazie wieder ein; so, daß sie, zu gleicher Zeit, in demjenigen menschlichen Körperbau am reinsten erscheint, der entweder gar keins, oder ein unendliches Bewußtsein hat, d. h. in dem Gliedermann, oder in dem Gott. Mithin, sagte ich ein wenig zerstreut, *müßten* wir wieder von dem Baum der Erkenntnis essen, um in den Stand der Unschuld zurückzufallen? Allerdings, antwortete er, das ist das letzte Kapitel von der Geschichte der Welt."

Doch so einfach kommen wir nicht davon. Selbst der bewusstlose Wurm weiß inzwischen genau, dass wir noch nicht im letzten Kapitel sind, sondern die längste Strecke noch vor uns haben, weil uns der Widerstand gegen die wirkliche Welt so wenig retten wird wie die Grazie der alten Dichter, in deren Zeilen dem Wunsch nach dem Paradies nur jene entkommen, die sich niemals umgedreht haben. Denn auch wer sich nicht umdreht, wird seine Wünsche nicht los. Höchste Zeit also, dass sich zwischen dem Gliedermann und seinem uralten Gott endlich der erste Mensch erhebt, um aus dem bewusstlosen ewigen *heiligen Sonntag* einen *fleißigen Montag* zu machen und endlich selbst an die Arbeit zu gehen.

Ob die Aufgabe zu bewältigen ist, sei dahingestellt. Denn selbst wenn die Schöpfung ein Würfelspiel wäre, in dem, nach dem Gesetz der Wahrscheinlichkeit, die Chance auf Erkenntnis bei ein zu sechs liegt, bleibt sie ein Projekt mit offenem Ausgang und Ende. Sicher ist nur die Verteilung der Rollen: Das einfache Volk spielt weiter Adam und Eva, die Gesetzgeber spielen den lieben Gott und die Aktivisten den Erzengel Gabriel, der seine umzäunte Vision verteidigt. Während die Mathematiker, Physiker und Virologen nach wie vor nach dem Apfel verlangen.

Für die letzten zerstreuten Dichter und Denker bleibt mithin also nur jene Rolle übrig, die schon in der Bibel keiner gespielt haben wollte: die alte verlässliche Schlange, die den Menschen zu seiner menschlichen Wahrheit befreit: nicht gut, nicht schlecht, sondern fehlbar zu sein: weder ein Gliedermann noch ein Gott, sondern bloß der Erzähler des vorletzten Kapitels einer Welt, von der wir bis heute nichts wissen.

X. Die Weihnachtsgeschichte

Am letzten Sonntag vor Weihnachten lag plötzlich Schnee in der Luft. Man roch es genau, und der Redakteur, der im Haus nicht nur für gute Geschichten, sondern vor allem für seine guten Nerven bekannt war, wurde allmählich doch etwas unruhig. Die bestellte Weihnachtsgeschichte war noch immer nicht da. Dabei hatte er die Lieferung verbindlich vereinbart, er hatte sogar, was sonst unüblich war, bereits einen beträchtlichen Vorschuss geleistet.

Aber jetzt stand Weihnachten vor der Tür, und alle Nachfragen liefen ins Leere, die Autorin blieb spurlos verschwunden. Und so entschied sich der Redakteur, viel zu spät, wie er wusste, zwei Tage vor Weihnachten, endlich selbst nach dem Rechten zu sehen, um sich persönlich zu holen, was ihm und den Lesern Berlins einfach zustand: Die beste Weihnachtsgeschichte von allen.

Draußen schlug ihm eiskalter Wind entgegen. Es roch nach verbrannten Würstchen und billigem Glühwein, nach Zuckerwatte und letzten Geschäften. Die Menschen rannten mit verschnürten Gesichtern und Paketen an ihm vorbei. Unter den Armen trugen sie verwachsene Bäumchen, Sonderangebote wahrscheinlich, was ihn daran erinnerte, dass er selbst auf gar nichts vorbereitet war.

Viel zu beschenken war sowieso nicht. Er feierte schon seit Jahren allein. Das heißt, ganz allein nicht, den Heiligen Abend verbrachte er mit seiner Mutter, obwohl sie nur noch zur Hälfte da war. Meistens dämmerte sie vor sich hin, wenn er am späten Nachmittag ihre Wohnung betrat, die zu verlassen sie sich standhaft weigerte, obwohl er seit dem Tod seines Vaters versuchte, sie zum Umzug in ein Heim zu bewegen, nachdem ihr die Weihnachtsgans lichterloh im Ofen verbrannt war und die Feuerwehr anrücken musste. Seither blieb die Küche kalt, ein paar Getränke taten es auch. Auf Geschenke legte sie längst keinen Wert mehr, meistens vergaß sie einfach, sie auszupacken, so wie sie vergaß, sich auszuziehen, bevor sie ins Bett ging.

Nur seine Weihnachtsgeschichte vergaß sie nie. Sobald er die neuste Geschichte auspackte, wurde sie plötzlich wieder hellwach. Beim Vorlesen unterbrach sie ihn ständig, immer hatte sie etwas auszusetzen: Kam kein Schnee vor, dann fehlte der Schnee, kam er vor, dann war er nicht weiß genug, erklangen Glocken, dann waren die Glocken zu laut, läuteten keine, dann fehlte Musik. Gab's eine Maria, dann war sie zu süßlich, und für einen Josef, der fremde Kinder aufzieht, hatte sie überhaupt kein Verständnis.

Armut mochte sie auch nicht, Hirten und Schafe gehörten ins Umland. Und den drei Königen misstraute sie tief, weil sie aus dem Osten kamen. „Im Westen glaubt niemand mehr an Sterne und Wunder", sagte sie streng und schenkte sich einen Schnaps ein. Nach dem dritten

Glas schlief sie ein. Er deckte sie zu und ging zurück in die Redaktion. Dort war er vor trüben Stimmungen sicher.

So in Gedanken mit seiner Mutter beschäftigt, bestieg der Redakteur die erstbeste S-Bahn Richtung Friedrichstraße. Von dort, hatte die Sekretärin gesagt, seien es nur ein paar Fußminuten bis zum Haus der verschwundenen Dichterin. Die Adresse hatte sie auf einen Zettel geschrieben. Als er ausstieg, stieß er mit einer Frau zusammen, die rote Handschuhe trug und ihm seltsam bekannt vorkam. Sie entschuldigte sich, zog sich den Schal vors Gesicht und lief mit raschen Schritten die Treppe hinunter.

Als er die hell erleuchtete Friedrichstraße betrat, sah er sie wieder. Jetzt fiel es ihm wie Schuppen von den Augen: Natürlich, das war sie! Das war ja die Autorin höchst persönlich, die ihn seit Wochen hinhielt und sich jetzt hinter einem Schal versteckte, während sie wahrscheinlich gerade dabei war, seinen großzügigen Vorschuss in Geschenke umzusetzen.

Sie lief ziemlich schnell. Auf der Weidendammer Brücke warf sie unruhige Blicke über die Schulter. So schnell läuft doch nur ein schlechtes Gewissen, dachte der Redakteur, als sie nach links in den Schiffbauer Damm einbog. Dabei kam es ihm vor, als schlüge sie Haken, andauernd wechselte sie die Straßenseite. Ging er auf der linken, lief sie auf der rechten, wechselte er nach rechts hinüber, sah er sie plötzlich auf der linken, bis er sie Ecke Albrechtstraße endgültig aus den Augen verlor.

Aus der *Ständigen Vertretung* drangen lautstark Weihnachtslieder, die Rheinländer waren, wie immer, zu früh dran. Der Redakteur hätte gern mitgetrunken, aber statt einzukehren, zog er den Zettel der Sekretärin aus der Tasche: Schumannstraße, stand da, gleich neben dem Deutschen Theater. Als er den Vorplatz des Theaters erreichte, fand er sich von Familien umzingelt. Über dem Eingang hing ein riesiges Schild, darauf stand: DIE SCHNEEKÖNIGIN.

Zum Teufel mit Märchen und Weihnachtsgeschichten, fluchte der Redakteur leise, als er plötzlich die Handschuhe wiedersah, zwei hüpfende rote Lichter, die die Schumannstraße hinuntereilten, um dann Ecke Luise rechts abzubiegen, von dort aus weiter geradeaus, die Straße hinauf Richtung Charité. Zum ersten Mal wurde ihm unbehaglich zumute. War es möglich, dass die Autorin gar nicht zum Einkaufen unterwegs war, sondern in einer ganz anderen Mission, von der er nichts wusste?

Außer Atem betrat er die Eingangshalle der Charité, in deren Mitte ein dürrer Weihnachtsbaum stand, besteckt mit elektrischen Sternen und Kerzen, die unruhig flackerten. Die Autorin war längst Richtung Fahrstuhl entwischt, und der Redakteur spürte, wie leise Wut in ihm hochstieg. Aber vor dem hinteren Fahrstuhl lag auf dem Boden ein roter Handschuh. Er hob ihn auf und starrte auf die Anzeigetafel: Siebzehnter Stock. Und wenn du bis in den Himmel fährst, ich erwische dich doch, murmelte er und fuhr hinterher.

Im siebzehnten Stock war es dunkel und still. Es roch nach Desinfektion und Clementinen. Über den Gang huschten leise weiße Gestalten. Auf der Fensterbank am Ende des Ganges stand ein vertrockneter Adventskranz. Drei Kerzen waren heruntergebrannt, nur die vierte stand noch aufrecht. Der Redakteur trat ans Fenster. Unten, in ein Meer von Lichtern getaucht, lag ihm plötzlich die ganze Stadt zu Füßen, in der die Menschen nach Geschenken und Geschichten jagten. Er konnte alles deutlich erkennen, aber wie fremd und weit weg das war! Denn hier oben, im siebzehnten Stock, lag etwas anderes in der Luft, das roch er genau.

Er trat vom Fenster weg in den Gang, als er plötzlich hinter einer der Türen eine Stimme vernahm: „Ich habe meine Handschuhe nicht!", sagte die Stimme. Vorsichtig öffnete er die Tür. Und tatsächlich, da saß sie, da saß die Autorin persönlich. Sie saß mit einem Buch in der Hand vor einem hohen Bett, in dem ein Kind lag, das ganz von Schläuchen und Schnüren bedeckt war und nur noch zur Hälfte da zu sein schien.

Sie hob nicht einmal den Kopf, als er eintrat, sondern las einfach weiter: „Und Gerda streckte die Hände mit den großen Handschuhen aus und sagte Lebewohl, und dann flog das Rentier über Stock und Stein davon." Natürlich, der Redakteur kannte den Text genau, er hatte ihn tausend Mal gehört. Das war die Geschichte von der *Schneekönigin*, die seine Mutter ihm in seiner Kindheit Jahr für Jahr vorgelesen hatte. Er trat vorsichtig ans Bett und sprach den Text aus der Erinnerung weiter: „Rosen, die blüh'n und verwehen, wir werden das Christkindlein sehen."

„Sie haben mich also doch noch gefunden", sagte die Autorin leise, „aber wecken Sie mir das Kind nicht auf, es schläft seit Tagen zum ersten Mal, und der Schlaf von Kindern ist heilig, wenn man sie weckt, geschieht ein Unglück." Dann stand sie auf, trat ans Fenster und fuhr flüsternd fort: „Ich schulde Ihnen noch eine Geschichte, und Sie sind nicht der Einzige, der darauf wartet, ich habe sie schon fünf Mal verkauft, ohne ein einziges Mal zu liefern, sonst kämen wir nicht durch den Winter. Aber ich kann sie nicht schreiben, weil mir das gute Ende fehlt."

Während sie sprach, stiegen ihr Tränen in die Augen, und als sie zu weinen begann, begann es draußen endlich zu schneien, bis hinter einem dichten Vorhang aus Flocken die Stadt zu ihren Füßen verschwand. „Sie schulden mir gar nichts", sagte der Redakteur leise, „Geschichten blüh'n und verweh'n, wir werden das Christkind trotzdem bald sehn." Dann zog er den roten Handschuh aus seiner Tasche, legte ihn neben das Kind auf das Kissen und verließ auf Zehenspitzen das Zimmer.

Draußen schlug ihm eiskalter Wind entgegen, aber während er durch den frischen Schnee lief, wurde ihm warm, denn er hatte seine Geschichte gefunden. Bereits in der S-Bahn begann er zu schreiben, und als er die Redaktion betrat, war sie fast fertig. Es fehlte nur noch der Schluss.

Als der Redakteur sich am Heiligabend auf den Weg machte, hatte es aufgehört zu schneien. Am Himmel lief ein großer Stern vor ihm her, über dem Haus seiner Mutter blieb er stehen. Als er die Wohnung betrat, war sie hellwach.

Sie hatte sogar Kerzen angezündet, auf dem Tisch standen frisch gefüllte Gläser. Und als er ihr seine Geschichte vorlas, kam es ihm vor wie ein Wunder: Sie unterbrach ihn an keiner einzigen Stelle. Erst als er fertig war, sagte sie leise: „Ich glaube, du hast das Christkind gesehen."

Literatur- und Quellenhinweise

Samuel Beckett, Warten auf Godot. Deutsche Übertragung von Elmar Tophoven. Frankfurt am Main: Suhrkamp Verlag, 1993.

Der Prozess der Jeanne d'Arc. Akten und Protokolle. Übersetzt und herausgegeben von Ruth-Schirmer-Imhoff. München: Deutscher Taschenbuch Verlag, 1961.

Michel Foucault, Schriften zur Literatur, 4 Bde. Aus dem Französischen von Michael Bischoff, Hans-Dieter Gondek und Hermann Kocyba. Frankfurt am Main: Suhrkamp Verlag, 2003.

Geschichten aus dem Mittelalter. Aus dem Lateinischen von Hermann Hesse und J. G. Th. Gresse und mit Nacherzählungen von Leo Greiner. Frankfurt am Main und Leipzig: Insel Verlag, 1976.

Jakob und Wilhelm Grimm, Grimms Märchen. Vollständige illustrierte Ausgabe. Hg. v. Günter Jürgensmeier. Mit Bildern von Charlotte Dematons. Düsseldorf: Sauerländer Verlag, 2007.

Felicitas Hoppe, Sieben Schätze. Augsburger Vorlesungen. Frankfurt am Main: S. Fischer Verlag, 2009.

Johann Huizinga, Homo Ludens. Vom Ursprung der Kultur im Spiel. Reinbek bei Hamburg: Rowohlt Taschenbuch Verlag, 1987.

Selma Lagerlöf, Gösta Berling. Aus dem Schwedischen von Pauline Klaiber-Gottschau. München: Deutscher Taschenbuch Verlag, 2007.

J. D. Salinger, Franny und Zooey. Aus dem Amerikanischen von Annemarie und Heinrich Böll. Reinbek bei Hamburg: Rowohlt Taschenbuch Verlag, 1967.

Christian Sellner, Immerwährender Heiligenkalender. Frankfurt: Eichborn Verlag, 1993.

Andrej Sinjawskij, Iwan der Dumme. Vom russischen Volksglauben. Aus dem Russischen von Swetlana Geier. Frankfurt am Main. S.Fischer Verlag, 1990.

Anne de Vries, Die Kinderbibel. Aus dem Niederländischen übertragen von Gerhard Schneider. Neukirchen – Vluyn: Neukirchener Verlagsgesellschaft, 1954.

Max Waibel, Das große Buch der Walser Sagen. Frauenfeld, Stuttgart, Wien: Verlag Huber Frauenfeld, 2010.

Thornton Wilder, Dem Himmel bin ich auserkoren. Aus dem Amerikanischen von Herbert E. Herlitschka. Frankfurt am Main: S.Fischer Verlag, 2015.

Textauszug aus: Slavoj Žižek, Die Puppe und der Zwerg. Das Christentum zwischen Perversion und Subversion. Aus dem Englischen von Nikolaus G. Schneider. © Suhrkamp Verlag Frankfurt am Main, 2003.

Originalzitate von Felicitas Hoppe mit freundlicher Genehmigung des S. Fischer Verlages

Autorin

Felicitas Hoppe, 1960 in Hameln geboren, lebt in Berlin und im Schweizer Wallis und ist neben zahlreichen anderen Auszeichnungen Trägerin des Georg-Büchner-Preises. Sie verfasst Romane, Erzählungen und Kinderbücher und ist schreibend und vortragend weltweit unterwegs. Zuletzt erschien »Prawda. Eine amerikanische Reise«. 2021 erhält sie den Kasseler Literaturpreis für grotesken Humor.

Herausgeber

Thomas Brose ist Philosophieprofessor in Berlin. Er hat Katholische Theologie, Geschichte und Philosophie studiert und setzt sich in der Tradition Romano Guardinis für das Gespräch zwischen Religion und Literatur ein.